AF130723

S. FISCHER

LENE ALBRECHT

Weiße Flecken

Roman

S. FISCHER

Gefördert durch die Senatsverwaltung für
Gesellschaftlichen Zusammenhalt

Erschienen bei S. FISCHER
© 2024 S. Fischer Verlag GmbH,
Hedderichstr. 114, D-60596 Frankfurt am Main

Satz: Dörlemann Satz, Lemförde
Druck und Bindung: GGP Media GmbH, Pößneck
ISBN 978-3-10-397538-3

Für Dénis, Fousseni und Roos

EINS

GESPENSTER

Nur einige wenige Tage nach meiner Ankunft in Sokodé machte mich der Bibliothekar auf die Existenz eines Mannes namens Le Blanc aufmerksam, den ich bis zu meiner überstürzten Abreise im kältesten Monat überhaupt, während des sogenannten afrikanischen Winters, nie wirklich zu Gesicht bekommen sollte. Wir standen dicht nebeneinander auf dem Balkon im ersten Stock. Der Bibliothekar hatte die Unterarme auf dem Geländer abgestützt. Beide sahen wir geradeaus. Gegenüber der Bibliothek duckte sich ein fast spiegelgleiches Gebäude in den schmalen Schatten des Gerichts. Genau dort, erzählte der Bibliothekar und zeigte mit dem ausgetreckten Arm auf die andere Straßenseite, lebte er.

Le Blanc, also den *Weißen*, kenne jeder, aber niemand, den der Bibliothekar kannte, sei ihm je persönlich begegnet. Das liege vor allem daran, erklärte er, dass er nur nachts das Haus verlasse. Man erzähle sich auch, er trage ein langes weißes Gewand, welches er vorn mit einem Gürtel zusammenknote.

So wie die Meister der Martial Arts, sagte er und deutete mit den Armen eine Kampfbewegung an.

Seit diesem Tag stellte ich manchmal aus dem Augenwinkel eine Bewegung dort drüben fest. Ein Flattern. Eine kleine, unkontrollierte Hast. Aber jedes Mal, wenn ich die Aufmerksamkeit darauf richtete, lag alles still, wie in diesem Moment auch; das flache Dach, der Garten mit seinen ordentlich beschnittenen Hecken und den relativ hohen Mauern, die das Grundstück von der Straße her abschirmten.

Er hat graues, schütteres Haar, beschrieb ihn der Bibliothekar, dabei ist er weder alt noch jung, nur einsam. Das ist es im Wesentlichen, was man sich über ihn erzählt. Niemand weiß, warum er nach Togo gekommen und dann geblieben ist.

Ich versuchte, mir den Mann vorzustellen, aber alles, was meine Einbildungskraft zustande brachte, war eine Art Gespenst, und dafür war ich definitiv zu alt.

Auf jeden Fall ist er wohlhabend, schob der Bibliothekar nach einer Weile hinterher, so viel steht fest.

Ich sah ihm fragend ins glatte Gesicht.

Alle Weißen, die hier sind. Sie können sich den Flug leisten.

Er machte eine Pause, sein Blick ruhte prüfend auf mir, wie um zu sehen, ob ich wirklich so unbedarft war oder nur so tat. Der kostet doch ein Vermögen, oder etwa nicht?

Er kniff die Augen zusammen.

Ich rauchte und schwieg.

Unter der Terrasse, von der man eine gute Sicht auf das Verwaltungsviertel der kleinen westafrikanischen Stadt hatte, liefen lärmende Pulke von Schüler*innen in Richtung des Gymnasiums den steilen Hügel hinauf. Manche von ihnen nutzten bunte aufgespannte Regenschirme, um sich vor der Strahlkraft der Sonne zu schützen, die um diese frühe Uhrzeit schon massiv war. Seit Tagen war es heiß und still, sehr trocken, der Himmel hatte fast alle Farbe verloren, und ich wusste, es konnte nicht ewig so bleiben.

Eine knappe Woche wohnte ich jetzt hier. Nur einmal hatte ich seither das Computerkabinett im Erdgeschoss betreten, in dem tagsüber Fortbildungen stattfanden. Die meiste Zeit verbrachte ich oben im Lesesaal mit den dunkel gebeizten Bücherregalen, dem größten Raum im ersten Stock. Daneben gab es eine kleine Küche und zwei weitere Räume, die normalerweise von den Praktikant*innen bewohnt wurden. Für den Rest der Zeit standen die Zimmer leer.

Die Bibliothek gehörte einer Organisation, die zwar lokal agierte, aber – wie die meisten der NGOs hier – aus Deutschland oder einem anderen europäischen Land finanziert wurde. Wie mir der Bibliothekar erklärt hatte, war es eine Zeitlang lukrativer gewesen, eine Organisation zu gründen und um Spenden zu werben, als in ein eigenes Geschäft zu investieren, weshalb sie wie Pilze aus dem Boden geschossen waren. Er hatte mit den Schultern gezuckt. Nur die Gebäude mit rostfleckigen, großformatigen Schildern zeugten noch von ihrer ehemaligen Existenz. Halb verfallen wurden sie für dubiose Geschäfte genutzt.

Dieses Haus war anders. Gut in Schuss. An der Spitze

stand eine wohlhabende Familie aus München, die ihr Vermögen gestiftet hatte und regelmäßig Geld fließen ließ, jedoch immer streng kontrollierte, wohin.

Hinter dem Haus verbrannte jemand Müll. Der scharfe Geruch zog als dichter, grauer Rauch über unsere Köpfe, wo er sich langsam in winzigen Partikeln verteilte, bis er schließlich unsichtbar wurde. Ich drückte meine aufgerauchte Zigarette in die Schale einer alten Kokosnuss. Der improvisierte und übervolle Aschenbecher war eins der Dinge, die meine Vorgänger*innen hier zurückgelassen hatten. Unterm Schrank hatte ich außerdem einen zusammengefalteten Zettel gefunden, auf dem Mailadressen handschriftlich notiert waren. Daneben die Namen der Menschen, die auf eine Nachricht hofften, die sie nun wahrscheinlich niemals erreichen würde. In der hintersten Ecke des Schranks hatte ich ein hellblaues, etwas staubiges Hemd aus Baumwolle gefunden. An Brust und Schultern spannte es ziemlich, dennoch trug ich es fast jeden Abend, wenn es dunkel wurde und die gefräßigen Moskitos aufzogen.

Langsam geriet die Stadt unter uns in Bewegung.
    Menschen überquerten die Kreuzung. Jemand klatschte in die Hände. Es klang mutig und froh. Dabei fiel mein Blick auf einen Mann mit gesenktem Kopf und auf dem Rücken verbundenen Händen, der von zwei Uniformierten in den Seiteneingang des Gerichtsgebäudes geführt wurde. Beides – der Ton des Klatschens und das Bild des Gefangenen – schien nichts miteinander zu tun zu haben

und gleichzeitig ab diesem Moment untrennbar miteinander verbunden zu sein. Von der Hauptstraße drang beständig das Geräusch der fahrenden Lastwagen, die auf
ihrem Weg in den Norden waren. Dazwischen klangen
die Laute der Ziegen erschütternd menschlich.

Ich muss jetzt an die Arbeit, der Bibliothekar deutete
mit dem Kopf zur Tür. Dann schlurfte er hinein, seine
Lederslipper waren an der Ferse heruntergetreten, und
er trug einen dieser grob gestrickten Pullunder, die ich
bisher nur an älteren Männern gesehen hatte, wobei mir
schlagartig bewusst wurde, dass auch der Bibliothekar
schon bald zu dieser Gruppe zählen würde. Er war, wie
man sagt, in die Jahre gekommen, selbst wenn er noch
kein einziges graues Haar hatte. Seine Gesichtszüge waren weich und freundlich, anders als die Gesichter älterer Männer, die ich kannte, in die mit der Zeit etwas Un-
nachgiebiges einzog.

Gleich würde die Bibliothek wie jeden Wochentag (den
Sonntag ausgenommen), ihre Türen für die Schüler*innen öffnen, die gerne herkamen, um an einem der großen
Tische zu lesen, ihre Schulaufgaben zu machen oder in
den Sportmagazinen zu blättern. Ihre kleinen Gesichter
waren hoch konzentriert, niemand musste sie zur Ruhe
ermahnen.

Ich blieb, wo ich war, und strich mir die vom Duschen
nassen Haare zurück. Erst in diesem Moment bemerkte
ich die Schüler*innen, die sich unten am Fuß der Treppe
gesammelt hatten, und die jetzt zu mir hochstarrten

wie auf eine Bühne. Unwillkürlich drehte ich mich um, suchte nach etwas, das ihre Aufmerksamkeit erregt haben könnte. Aber da war nur die Tafel. Eine ebene Fläche, gerade frisch gewischt. Das Nasse zeichnete sich noch als eine dunkelgraue Wolke darauf ab.

Ich war es gewohnt, im Hintergrund zu bleiben; die unauffällige Person, die auf einem Foto am hinteren Bildrand steht und so aussieht, als wäre sie nur ganz zufällig Teil der Komposition.

Ein Schüler, der wie die gesamte Gruppe khakifarbene Schuluniform trug, zeigte jetzt auf mich. Ein Mädchen mit kurzen Haaren lachte, Hand vorm Mund, und ich hob den Arm zum Gruß, schwenkte ihn, unsicher darüber, was man jetzt von mir erwartete.

CRUSOE

Auf dem Langstreckenflug von Paris nach Lomé hatte ich neben einem Fotografen gesessen. Er hatte dunkles, kurzes Haar, aus dem ein paar zinngraue Haare hervorstanden wie lose Enden einer Drahtspule. Offensichtlich war er an einer Unterhaltung interessiert, immer wieder räusperte er sich, sortierte seine viel zu langen Gliedmaßen neu, nur um sich dann für seine Unruhe zu entschuldigen. Ich war schläfrig. Beim Umsteigen in Paris hatte ich mich verirrt und war schließlich in ein unterirdisches System aus Parkdecks geraten. Verzweifelt hatte ich zuvor eine Putzkraft gefragt, wie ich am schnellsten zum Terminal gelangen würde, weil es mir nicht gelungen war, die komplexe Karte des Flughafengebäudes auch nur annähernd zu entschlüsseln.

Kommen Sie, sagte die Putzkraft entschlossen.

Wir stiegen in einen Fahrstuhl, fuhren nach unten. Der Wagen, ausgestattet mit einem Mopp, diversen Reinigungsmitteln und Eimern, verströmte einen intensiven, chemischen Geruch.

Ich lächelte verlegen, die Putzkraft lächelte nicht.

Hier entlang, sagte sie. Immer geradeaus. Sie deutete

mit der Hand den Weg, blieb selbst hinter mir zurück. Ich lief eine Weile, aber fand keinen Ausgang. Von irgendwoher hörte ich das Schleifen der Rollen des Putzwagens auf dem Beton. Ein rhythmisches Klappern hallte ohne Richtung immerfort. Die Decke hing niedrig, die Wände warfen meine Schritte zurück. Währenddessen stellte ich mir das Treiben über mir vor. Die Massen, die an Schaltern abgefertigt, durchleuchtet und anhand ihrer Pässe und ihrer Körper auf Bedrohlichkeit hin eingeschätzt wurden. Menschen, die aufwendig Grenzen passierten, während ich sie hier unten fast unbemerkt durchschritt.

Plötzlich trat alles klar als Fiktion hervor.

Ich versuchte, mir die Vorgänge genauestens zu vergegenwärtigen: Die französischen Uniformierten mit ihren Knüppeln und Gewehren, Hand am Schaft, die Flugbegleiterinnen in Bleistiftröcken und mit hohen Pfennigabsätzen, die in diffusen Formationen durch die Hallen zogen. Menschen, die in Gruppen durch enge Gänge getrieben wurden, allein dafür entworfen, ihre Kauflust zu steigern. Stimulation, Pappaufsteller, bewegte Bilder, Bänke aus Metall, verglaste Wände; und draußen flogen die Schatten der startenden Flugzeuge über den Asphalt.

Es war zu warm für Ende September.

Im Gehen warf ich einen Blick auf mein Handy. Kein Empfang hier unten. Dafür zeigte es eine neue Nachricht. Neda wünschte mir einen guten Flug und in einem etwas kryptischen Halbsatz, dass ich fündig würde. Mein Herz überschlug sich. Ich hörte ihre Stimme:

Wovor hast du eigentlich Angst?

Neda hätte nicht eher aufgegeben zu fragen, ehe ich gesagt hätte, dass die Putzkraft ein Mann war und Schwarz und ich mich dafür schämte, beides überhaupt registriert zu haben.

Bei einer unserer ersten Begegnungen, es musste vor oder nach einem Seminar im ersten Semester Sozialanthropologie während einer Raucherpause auf der Steintreppe gewesen sein, hatte sie mir diese Geschichte erzählt. Sie kursierte vor allem in den Achtzigern. Eine ältere, alleinstehende Frau reist nach New York. Angesichts der steigenden Kriminalität ist sie besorgt um ihre Sicherheit. Aus diesem Grund mietet sie sich in eines der nobelsten Hotels der Stadt ein, das eigentlich weit über ihrem Budget liegt. Nach einem ausgedehnten Stadtbummel steigt sie eines Abends in den Lift. Kurz bevor sich die Türen schließen, springt ein Schwarzer Mann mit Sonnenbrille hinein. An seiner Hand führt er einen großen Hund an der Leine, eine Dogge. Kaum hat sich der Lift in Bewegung gesetzt, murmelt der Mann hinter seiner Sonnenbrille: Leg dich hin. Die Frau tut, was er sagt; starr vor Angst und dem, was sie nun erwartet. Der Mann aber tritt irritiert einen Schritt zurück, weg von ihr; eigentlich, sagt er nüchtern, meinte ich ja den Hund.

Neda hatte über die Geschichte gelacht, auf ihre Art, trocken. Als würde sie über den Dingen stehen. Trotzdem traf es sie, jeden Tag, aber das wusste ich zu diesem Zeitpunkt noch nicht. Sie lachte darüber, wie sich der Rassismus einer *w*eißen Frau selbst entlarvt.

Weiße Frauen, sagte sie, sind Teil des Problems, gerade weil sie das oft nicht wahrhaben wollen.

In einer Version der Geschichte war der Mann Lionel Richie, in einer anderen ein lange vergessener Soap-TV-Star, der der Frau anschließend einen Strauß teurer Lilien aufs Zimmer schickte. Weil sie sich so sehr erschreckt hatte, sagte Neda. Seitdem waren dreißig Jahre vergangen.

Ich verlangsamte.

Die Luft hier unten war kühl und staubig, das Licht fiel weiß von oben herunter, vollkommen künstlich. Ich schwitzte zwischen den Schulterblättern, unter den Achseln. In meinem Rücken immer noch die Schritte, jetzt entfernt. Schließlich gelangte ich in den richtigen Gebäudeteil, den ich an einem großen, nüchternen Buchstaben erkannte. Endlich. Dort stieg ich in den Fahrstuhl und war, sobald sich die Türen oben öffneten, auf einmal wieder mitten im Gedränge.

Jetzt, im Flugzeug sitzend, roch ich den kalt gewordenen Schweiß, unter dem meine Haut seltsam spannte. Obwohl mein Körper müde war, fühlte ich mich erfrischt und klar, wie nach einer eiskalten Dusche. Ich las, und den größten Teil der Strecke konnte ich den Fotografen neben mir auf Abstand halten. Aber er benahm sich, als hätte er ein Recht darauf zu erfahren, wer ich war, und irgendwann wurde es mühsamer, seinem Blick auszuweichen, als ihm einfach zu begegnen. Rechts von mir saß eine zarte, ältere Frau, die mit halb geschlossenen Lidern einen mir unbekannten Film auf dem kleinen Bildschirm verfolgte. Die blaue Decke mit dem eingeprägten goldenen Logo der Fluggesellschaft hatte sie bis unters Kinn gezogen. Immer wieder rutschte der Kopf auf die Brust, dann rappelte sie sich auf. Ich beneidete sie um diesen Moment, in dem das Bewusstsein aus dem Körper weicht und alles leicht und schwer zugleich wird. Ein bodenloser Moment, ein Sturz ohne Aufprall.

Der Fotograf warf mir einen Blick zu, offenbar, um zwischen uns eine Art Bündnis herzustellen, wobei die einzige Gemeinsamkeit darin bestand, dass wir beide wach waren, während die dritte Person mehr oder weniger schlief. Schließlich fragte der Fotograf, was ich las. Ich schlug resigniert mein Buch zu. Er hatte ein junges Gesicht, nur die Augen wirkten müde. Als wären sie zu schnell gealtert für den Rest. Er lächelte.

Robinson Crusoe, im Ernst?

Kennen Sie es?

Wer nicht. Er lachte, als hätte ich eine ganz und gar abwegige Frage gestellt, hielt dann aber inne; ich meine, sagte er, jede*r kennt doch Robinson Crusoe, oder nicht?

Es ist interessant, sagte ich, wie viele Menschen der Meinung sind, das Buch zu kennen, ohne es jemals gelesen zu haben.

Er verschränkte die Arme vor der Brust, klemmte die Finger unter seine Achseln.

Ich lese prinzipiell nicht viel, sagte er. Literatur interessiert mich nicht. Wenn ich ein Buch in die Hand nehme, dann ein Sachbuch. Oder es muss unterhaltsam sein, verstehen Sie, sehr unterhaltsam; ist es das denn?

Im Gegenteil, harte Arbeit, sagte ich. Wir lächelten beide, jetzt wieder versöhnt. Unter anderem war ich davon überrascht, erzählte ich, dass der Teil, in dem Crusoe auf der Insel lebt, nur sehr wenig Raum einnimmt. Das Buch war bei Erscheinen 1719 ein richtiger Kassenschlager gewesen. Auf den ersten Teil folgte schnell ein zweiter und dann sogar ein dritter. Bevor ich das Buch begonnen hatte zu lesen, war ich auf einen Artikel gestoßen, der über die reale Vorlage spekulierte; einen Seemann, der allein auf einer Insel ausgesetzt worden war und wie durch ein Wunder überlebt hatte. Defoe, der eigentlich als Foe geboren worden war, mit dem Präfix den Anschein adliger Herkunft erwecken wollte, hatte den Seemann wohl getroffen, zumindest von ihm gelesen. Alle Zeitungen berichteten seinerzeit von dem Schotten, der ganz allein vier Jahre und vier Monate auf einer verlassenen Insel überlebt hatte. Abgesehen von dem Rahmen jedoch glich der Schotte Crusoe in nichts. Es gab keinen Freitag, keine Kannibal*innen, weit und breit niemanden, die oder den er hätte christlich erziehen können, außer sich selbst, denn er war ursprünglich nur auf dem Schiff gelandet, weil er an Land in Konflikt mit dem Gesetz gekommen war. Die Reise war im eigentlichen Sinn eine Flucht gewesen. Er soll sich geweigert haben, den Weg fortzusetzen, weil das Boot leck war, und er vermutete, es würde bald untergehen. Der Kapitän war anderer Meinung, und so sah der Schotte sich gezwungen, zwischen zwei Szenarien zu wählen; ging er an Bord, würde er ertrinken, blieb er an Ort und Stelle, würde er höchstwahrscheinlich verhungern.

Der Legende nach, sagte ich, soll der Seemann dem ablegenden Schiff hinterhergerufen haben, er habe es sich doch anders überlegt.

Der Fotograf gluckste. Vermutlich stellte er sich vor, was alle sich an dieser Stelle ausmalten; wie der von Angst entstellte Schotte dem Schiff hinterherlief, in die Fluten hinein, dort stand, bis zum Hals drin in der Scheiße, bis das Schiff am Horizont verschwand. Ein Verschwinden, das auch sein eigenes Verschwinden meinte. Unweigerlich stellte sich Komik ein, wo Verzweiflung herrschte.

Eine kluge Entscheidung. Kurz darauf erlitt die Besatzung tatsächlich Schiffbruch. Sein Überleben hatte der Seemann aber nicht der Vorahnung, sondern den Ziegen zu verdanken, die die ersten spanischen Siedler*innen als eine Art Proviantreserve auf der Insel zurückgelassen hatten. Die Juan-Fernández-Ziege, wie sie heute genannt wird, war eine Art verwilderte Hausziege, die sich so rasant vermehrt hatte, dass binnen kürzester Zeit der untere Teil der Insel komplett kahl gefressen war. Bis heute war das komplette Ökosystem zerstört. Vor nicht allzu langer Zeit, so hatte ich gelesen, war auf jeden Ziegenschwanz eine Tötungsprämie von sechzig Cent ausgesetzt worden; heute waren die Tiere deshalb überaus scheu. Außerdem überwucherte die von den Europäern eingeschleppte wilde Brombeere die Insel und nahm der einheimischen Vegetation das Licht.

Nachts nagten die Ratten an dem Seemann, sagte ich, er wurde krank. Um nicht den Verstand zu verlieren, erzählte er später den Journalisten, habe er sich selbst Kirchenlieder vorgesungen. Die Freibeuter, die ihn schließlich entdeckten und dann retteten, wollten ihn zuerst erschießen, weil sie dachten, er sei ein wildes Tier. Er war in Ziegenhäute gehüllt, seine Haare waren zu einem Knoten verfilzt.

Bei diesem Detail fragte ich mich stets, was genau das Menschliche an seinem Erscheinen gewesen war, das die Freibeuter schließlich davon abgehalten hatte, auf ihn zu schießen. Die Entscheidung musste innerhalb weniger Augenblicke gefallen sein. Und was wäre gewesen, wenn sie geschossen hätten?

Dass es etwas gewesen sein müsste, was in ihnen Empathie geweckt hatte, mutmaßte der Fotograf. Als er Vater geworden war, sei er überrascht gewesen, dass das sogenannte Engelslächeln bei Neugeborenen ein Reflex war, um ihr Überleben zu sichern. Ein niedliches Baby lässt man schließlich weniger leicht zurück als eines, das den ganzen Tag nur plärrt und schläft.

Aus seiner Jackentasche zog er ein Päckchen. Er wickelte einen Streifen Kaugummi aus dem silbernen Papier und steckte ihn sich am Stück in den Mund. Ich konnte seine Kaumuskeln arbeiten sehen; einer der stärksten Muskeln am Menschen überhaupt.

Wollen Sie, fragte er.

Ich lehnte dankend ab. Das Interessante jedenfalls war, sagte ich, dass der Seemann anders als Crusoe im Buch kein Happy End fand. Trotz seines Ruhms soff er, prügelte – wie auch zuvor – und starb schließlich verarmt. Es war erstaunlich, wie die Konturen der Erzählung übereinstimmten, aber die Inhalte entgegengesetzt waren. Als hätte man das Negativ und ein dazugehöriges Foto vor sich liegen. Schob man beides übereinander, verschwanden die Bilder komplett.

Der Fotograf schüttelte energisch den Kopf, er räusperte sich. Die Frau neben mir, die gerade erst in den Schlaf gefunden hatte, schreckte kurz zusammen, aber öffnete die Augen nicht.

Seltsam, dass wir darauf zu sprechen kommen, sagte der Fotograf. Er habe erst kürzlich über die Beziehung von Wirklichkeit und Fiktion nachgedacht. Als Fotograf habe er den Eindruck, dass er – sobald er die Apparatur vor sein Auge schob – eine Rahmung vornahm; die Fiktion sich also ganz selbstverständlich aus gewähltem Ausschnitt, Perspektive und Brennweite zusammensetze. Nicht als Gegensatz müsse man beides betrachten, sondern als jeweilige Fluchtpunkte füreinander. Die Gegenwart ließe sich schließlich nicht ohne Geschichte lesen. Und Geschichten stünden per se in einer Beziehung zur Wirklichkeit. Man müsse sich nur Bauwerke vor Augen führen, Denkmäler. Als Berlinerin kannte ich doch sicher das klägliche Schicksal des Berliner Stadtschlosses? Ein Ort genau in der Stadtmitte, die wie eine grausame Wunde auseinanderklaffe, immer wieder wurde diese Stelle neu bebaut und abgerissen. Sie verkörpere das Zentrum der Macht, eine leere Patronenhülse. Das Fundament, als einziges Material vom Palast übrig geblieben, sei mit nassem Kies aufgeschüttet worden, habe es in der Zeitung gelautet, um dem Schimmel von unten vorzubeugen. Dieses Bild zeige doch sehr deutlich die ungeheure Angst der Menschen vor ihrer eigenen Geschichte, wie man versucht, sie im Keim zu ersticken, auf eine Weise unsichtbar zu machen. Unsere Städte seien getränkt von fiktiven Formationen. Ganz gleich, wo er hinkomme, in welche Stadt, und er sei in den letzten Jahren durch seinen Job wirklich viel herumgekommen, ließe er sich immer von mindestens fünf Personen das Wahrzeichen und seine Entstehung erklären. Meist erzähle jede*r die Geschichte etwas anders, aber im Kern stimme sie immer überein, das sei doch ganz erstaunlich, oder etwa nicht?

Eine Flugbegleiterin glitt lautlos durch den Gang. Als sie bei unserer Reihe angelangt war, bückte sie sich kurz und nahm die Decke auf, die der Schlafenden von der Brust gerutscht war. Die Beiläufigkeit ihrer Fürsorge rührte mich. Dem Fotografen schien die Geste nicht einmal aufgefallen zu sein. Er sprach weiter, als hätte er nur darauf gewartet, dass wir wieder ungestört waren.

Kürzlich ist etwas Seltsames passiert, sagte er. Er sah für einen Moment zum nachtdunklen Fenster. Die Geschichte war ihm offenbar unangenehm, trotzdem schien er sie loswerden zu müssen.

Ich nickte ihm aufmunternd zu.

Man geht immer davon aus, sagte er, dass man diejenigen Menschen, die einem am nächsten sind, auch am besten kennt. Aber vielleicht ist ja das Gegenteil der Fall; liebt man einen Menschen zu sehr, bringt man ihn gewissermaßen zum Verschwinden. Es wird unmöglich, ihn wirklich zu sehen oder etwas anderes als die Geschichte, die man mit ihm teilt. Mein Werk umfasst mittlerweile Porträts von Personen aus nahezu allen Regionen der Welt, aber meine Frau habe ich noch nie professionell fotografiert, nur mit dem Handy, ein Schnappschuss hier und da. Oder im Urlaub. Sie hat sich nie darüber beschwert oder es komisch gefunden, jedenfalls glaubte ich daran sehr fest, bis zu diesem Tag vor wenigen Wochen. Wir waren zusammen essen, tranken zu viel, wie wir es für gewöhnlich nie tun; ich trinke eigentlich nicht, müssen Sie wissen, seit Jahren habe ich nichts Hochprozentiges mehr zu mir genommen. Aber an diesem Abend hatten wir etwas zu feiern. Ich hatte gerade die Zusage eines Verlags für ein Fotobuch erhalten. Meine Frau bestellte einen Gin Tonic nach dem anderen, die Stimmung war ausgelassen. Ihre Augen glänzten, ich war sehr glücklich. Anscheinend hat sie die Frage danach, warum ich sie nie fotografieren wollte, schon lange beschäftigt. Irgendwann rückte sie mit der Sprache raus, mir schwirrte der Kopf, die Luft war schlecht, der Kellner wollte den Laden dichtmachen. Da, an diesem Abend, habe ich ihr versprochen, sie zu fotografieren.

Haben Sie vorher wirklich nie darüber nachgedacht, Ihre Frau zu fotografieren? Es kam mir unwahrscheinlich, aber nicht unmöglich vor.

Ich kann es mir selbst kaum erklären, antwortete er, vielleicht war es auch eine Art Selbstschutz, denn was folgte, war nichts anderes als ein Desaster. Ich wollte mir wirklich Mühe geben. Komischerweise war ich aufgeregt, obwohl meine Frau mich schon oft bei der Arbeit beobachtet hat, aber eben noch nie als Modell. Wir waren beide verkrampft, und je länger ich durch den Sucher starrte, umso mehr verblasste sie. Im Garten steht ein Baum, eine alte Kirsche. Sie stellte sich davor. Es war ein gutes Motiv, aber alle Bilder ungenügend; mal hatte sie die Augen geschlossen. Oder sie zog eine unfreiwillige Grimasse. Ihre eigentlich sehr schönen Kurven wirkten unvorteilhaft. Als sie die entwickelten Fotos sah, wurde sie wütend und weinte; ob ich sie tatsächlich so sehen würde. Ich wusste nicht, was ich sagen sollte. Mittlerweile ist der Rauch verzogen, zumindest für meine Frau. Mir gehen die Bilder allerdings einfach nicht aus dem Kopf; ständig sehe ich meine Frau an, aber sehe nur die missglückten Fotos vor mir, und mittlerweile frage ich mich sogar, ob sie mehr Wahrheit enthalten, als ich mir selbst zugestehen könnte, ob unsere Ehe am Ende ist.

Vielleicht sollten Sie neue Fotos machen, schlug ich vor.

Er wirkte etwas beschämt, nestelte an den Enden seines Sitzgurtes herum. Die Leuchtzeichen über unseren Köpfen waren schon lange erloschen. Der Fotograf dachte eine Weile nach, starrte aus dem Fenster. Wahrscheinlich hatte er mir gar nicht zugehört, denn am Ende sagte er selbstvergessen in die Scheibe hinein, die besten Fotos entstünden genau dann, wenn man das Gegenüber gar nicht kannte. Dabei sah er aus wie jemand, der da draußen verzweifelt nach sich selbst Ausschau hielt.

In Togo wollte er auf einer Tagung eine Reihe von Schriftsteller*innen fotografieren. Absurderweise reisten die meisten von ihnen genau wie er aus Frankreich an. Nun flog er die ganze Strecke, von Paris nach Lomé, nur um Menschen zu treffen, denen er zu Hause direkt vor seiner Haustüre hätte begegnen können.

Ich sagte, das wirklich Erstaunliche daran sei ja wohl,

dass man ihn einfliege, anstatt jemanden vor Ort zu beauftragen.

Selbstverständlich, sagte er. Wirklich überraschend war es allerdings nicht, da die Veranstaltung von einer französischen Kultureinrichtung organisiert und vor allem finanziert wurde. Er hätte die Veranstalter*innen darauf hinweisen müssen, sicher, aber, unter uns gesagt – er hielt sich gespielt konspirativ eine Hand an den Mund, als würde er flüstern – könne er das Geld zu gut gebrauchen.

Er sah mich an, einen Moment zu lang, um es wie Zufall aussehen zu lassen.

Sagen Sie Bescheid, wenn Sie einmal Fotos von sich brauchen, sagte der Fotograf, ich würde Sie wirklich gern fotografieren. Sie haben etwas Herbes an sich, sehr interessant.

Er nickte anerkennend. In der Reihe vor uns brach jemand prustend in Gelächter aus. Augenblicklich fragte ich mich, ob das Lachen auf unser Gespräch bezogen und die Geste des Fotografen zu anzüglich war.

Ich nahm die Visitenkarte, steckte sie unkommentiert und demonstrativ nachlässig in eine Ritze meiner Handtasche. Unsere Unterhaltung versiegte, und ich schlief tatsächlich noch einmal ein. Nach der Ankunft winkte er mir an der Gepäckausgabestelle von weitem zu, ich tat, als hätte ich ihn nicht gesehen, und das nächste Mal, das ich in seine Richtung schaute, war er im Gedränge der Halle verschwunden.

–

In der ersten Nacht schrieb ich eine Kurzmitteilung an Neda. Dass ich gut angekommen war. Und ob ihr spontan ein Buch einfalle, vielleicht ein Klassiker, in jedem Fall eines, in dem die Protagonistin weiblich gelesen wurde und allein reiste.

Ich wartete.

Meine Schlafsachen waren im Gepäck ganz unten. Ich hatte kopflos gepackt, und jetzt lag ich nur in Unterwäsche bekleidet, die mir am schweißnassen Hintern klebte, unter dem provisorisch aufgehängten Moskitonetz, lauschte in die lebhafte Nacht und verlor den Mut.

Die Unterkunft war einmal ein Seemannsheim gewesen, hatte mir der Pförtner bei der Ankunft erzählt, auch deshalb stand sie direkt beim Meer. Wenn ich den Lärm der Stimmen in meinem Kopf abschaltete, hörte ich das Rauschen. Heute wurde das Gebäude vom deutschen Staat verwaltet; hier brachte er seine Gäste in Togo unter. Vor dem Balkon stand eine einzelne, zerrupfte Palme, deren trockene Blätter im Wind aneinanderrieben. In der übermäßig gepflegten Anlage wirkte sie wie ein gigantischer Fremdkörper. Der Rasen war kurz geschnitten, über den Zaun sah man auf die schummrig beleuchtete, sehr aufgeräumte Straße. Der Platz des Nachtportiers war unbesetzt.

Wie gerne hätte ich jetzt ein Bier gehabt oder mit jemandem ein Wort gewechselt.

Eine Weile versuchte ich, mich zu erinnern, was ich in Berlin vor dem Einschlafen gehört hatte (Autos, die über ein Kopfsteinpflaster fahren, Äste eines Baums, die im

Wind gegen das Fensterglas reiben, einen Hund?), aber es gelang mir schon nicht mehr, die einzelnen Geräusche abzurufen.

Immer wieder sah ich auf das Display. Neda antwortete nicht.

TOUT VA BIEN

Früh am Morgen nach dem Flug wollte ich so schnell wie möglich nach Norden fahren. Ohne das aufgebrachte Meer aus der Nähe oder eines der mit TOP markierten Highlights aus meinem Reiseführer gesehen zu haben. Der Himmel war bedeckt, die Luft schmeckte metallisch.

Bleiben Sie wenigstens ein paar Tage, versuchte der Pförtner mich umzustimmen, als ich mich mit dem Gepäck auf dem Rücken von ihm verabschiedete.

Er saß inmitten einer Insel aus Schatten, die ein niedriger Schirm von oben auf ihn warf. Sonne floss über seine langgestreckten Beine, in seinem Schoß lag ein Buch.

Ohne es zu wollen, blieb ich stehen.

Er rückte sein Käppi zurecht, und erst jetzt sah ich, wie jung er eigentlich war. Jung und attraktiv. Es war seine beige Uniform, die merkwürdig kastenförmig seinen ganzen Körper entstellte. Obwohl wir uns am Vortag kurz unterhalten hatten, hatte ich ihn kaum zur Kenntnis genommen. Er trug eine runde Brille aus Horn, leichte Schatten unter den Augen und hatte einen schönen, vollen Mund, der sich nun zu einem Lächeln lang zog.

Kommen Sie aus der Sonne, sagte er, es ist viel zu heiß, und winkte mich eilig zu sich unter den Schirm. Der scharf konturierten Helligkeit wich ein Schwindel, kurz hatte ich Mühe, überhaupt etwas zu sehen. Alles verblasste. Der Pförtner stand blitzschnell von seinem Stuhl auf, nahm mich bei den Schultern und drehte mich so, dass ich mich einfach nur noch fallen lassen musste, um auf dem Stuhl zu landen. Er reichte mir einen Beutel, gefüllt mit Wasser, eine Art Trinkpäckchen, das man an einem der Enden aufbeißen musste, wie er mir erklärte. Der plötzliche Wechsel unserer Positionen hatte eine Komik, die uns zeitgleich zum Lachen brachte. Ich wollte aufstehen, aber der Pförtner ermahnte mich, noch kurz sitzen zu bleiben, bis mein Kreislauf sich stabilisiert hatte.

Ich warne Sie, sagte er und stemmte die Arme gespielt streng in die Hüften.

Ich gab nach. Nuckelte artig an dem Plastik. Das Wasser war eiskalt und schmeckte leicht süßlich.

Wie sich herausstellte, hieß er Kofi und war an der Universität von Lomé eingeschrieben, er studierte dort Germanistik mit dem Ziel, später an Schulen Deutsch zu unterrichten.

Ich weiß, sagte er, dass die meisten Gäste in mir nur eine Art Hausmeister sehen, ich bin still und nett, wie ein Hausmeister eben zu sein hat.

Er lächelte.

Niemand ahnt, dass ich die deutsche Sprache verstehe. Manchmal ärgert mich das, dann wieder fühle ich mich darin ganz gut aufgehoben. Wie ein Spion.

Er lächelte wieder. Die Zungenspitze reckte sich für einen kurzen Moment der Oberlippe entgegen. Dann sog er Luft ein. Erst vor kurzem hat mich das fast den Job gekostet, sagte er.

Ich schwieg, und er redete weiter. Es war erstaunlich, dass kaum jemand die Stille im Gespräch ertrug.

Zwei Frauen mittleren Alters haben geradezu unanständig laut direkt neben mir über die Vorzüge afrikanischer Männer gesprochen. Kofi schüttelte den Kopf.

Sie hatten die Sandalen abgestreift, sagte er, standen dort drüben, barfuß im frisch gemähten Gras und rauchten. Beide trugen helle, weite Hosen aus Leinen mit Gummizug, dazu weiße Blusen, und die eine hatte sich ein Tuch um den Kopf gebunden wie die Frauen von hier. Sie schien noch mehr als die andere geschäftlich viel auf dem afrikanischen Kontinent herumgekommen zu sein, denn sie wusste, dass die Senegalesen die besseren Liebhaber sind, wohingegen die sogenannten *Bumster* – mit den Fingern malte er Anführungszeichen in die Luft – aus Gambia von den zahlreichen Kontakten mit *weißen* Frauen und ihrer Geschäftstüchtigkeit schon ganz verdorben sind.

Er machte eine Pause, sein Blick wanderte zur Villa, dann zu einer Naht auf seiner Hose, über die er sachte mit dem Fingernagel strich.

Ich dachte, wenn ich sie auf Deutsch grüße, verstummen sie bestimmt.

Kofi sah zu Boden, schüttelte den Kopf. Ich dachte, sie würden sich schämen, aber meine Gegenwart schien sie nur noch zu befeuern.

Und dann, fragte ich.

Ich will nicht wiederholen, was genau sie sagten, aber als eine der Frauen mich ausgiebig musterte, ahnte ich, dass ich besser geschwiegen hätte. Nun sprachen sie über meinen Körper wie über ein Stück aus dem Bauch eines Schweins auf dem Markt. Wie es wohl schmecken würde. Wie man es zu würzen hatte –

Es war dumm und obszön, bemerkte Kofi, und als die eine mich kichernd mit einem wilden Tier verglich, das ausgehungert über sie herfallen würde, sind mir augenblicklich sämtliche Sicherungen durchgebrannt. Ich habe einen kleinen, wahnsinnigen Tanz für sie aufgeführt und ihnen damit einen ordentlichen Schrecken eingejagt.

Es war nicht leicht, sich diesen entspannten Körper im Ausnahmezustand vorzustellen.

Wenn er jetzt darüber nachdachte, erzählte er, hatte er in einer Art Übersprunghandlung diese unerträgliche Situation beenden wollen. Da er sich selbst nicht vom Fleck rühren durfte, weil es nun mal seine Aufgabe war, diesen Fleck mit seiner körperlichen Existenz zu bewachen, mussten eben die Frauen verschwinden.

Natürlich hatten sie sich beschwert. Selbstverständlich glaubte man ihnen mehr als ihm, aber am Ende hatte er sich nichts zu Schulden kommen lassen, sie nicht angegriffen oder beleidigt, und sein Chef, der ihn stets gefördert hatte, hatte ihm auf die Schulter geklopft und mit ernstem Ausdruck gesagt, so etwas machen wir nicht noch mal, in Ordnung, Kofi, als spräche er mit einem ungezogenen, aber einsichtigen Kind, das über die Stränge geschlagen hatte. Einsichtig im Hinblick darauf, dass es den Erwachsenen untergeordnet war.

Mein Blick glitt zu ihm hoch. Noch einmal versuchte ich, vom Stuhl aufzustehen. Dieses Mal ließ er es zu. Jetzt standen wir uns direkt gegenüber.

Danke für das Wasser, sagte ich, ich muss jetzt wirklich weiter.

Kurz wirkte er beleidigt, dass ich mich gar nicht für seine Stadt zu interessieren schien. Ich war zum Arbeiten gekommen, und das sagte ich ihm.

Was arbeiten Sie denn, wenn ich fragen darf?

Ich stelle Fragen, und wenn ich genug Antworten beisammenhabe, schreibe ich einen Bericht, sagte ich – selbst erstaunt darüber, wie präzise diese Beschreibung zutraf.

Kofi nickte, schwieg. Dann sagte er, etwas schüchtern jetzt: Schreiben Sie auch richtige Bücher, und hielt seines in die Höhe. Die Sonne traf auf die beschichtete Fläche und machte das Cover unlesbar.

Seine Frage brachte mich in Verlegenheit. Schließlich hatte ich noch nichts Nennenswertes veröffentlicht. Ich versuchte erneut, den Titel seines Lesestoffs zu erkennen, um auf ein anderes Thema ausweichen zu können, aber er hatte es bereits wieder in den Schoß sinken lassen.

Dann, antwortete er sich schließlich selbst, schreiben Sie also ein Buch über das hier. Er machte eine ausladende Bewegung mit dem Arm, bei der seine Hand am Ende auf seiner Brust zum Liegen kam. Das Schmunzeln, welches seine Geste begleitete, konnte sich als Ironie, aber auch eine seltsame Scham deuten lassen, die das Sprechen über das Schreiben oft begleitet.

Ja, antwortete ich sachlich, obwohl ich bezweifelte, dass Kofi in der Studie auftauchen würde.

–

Ich hatte nichts Bestimmtes vorgehabt an jenem Abend im letzten Frühsommer. Neda hatte sich mit einem alten Freund treffen wollen, ohne mich, also hatte ich spontan entschieden, allein ins Theater zu gehen.

Seit sie mich in einer Auseinandersetzung als Klette bezeichnet hatte, wollte ich mich unabhängiger machen. Oder immerhin so wirken.

Die letzte Vorstellung vor der Spielzeitpause einer kleinen Off-Bühne war überdurchschnittlich gut besucht gewesen, obwohl das Performance-Kollektiv nicht sehr bekannt war. Im Stück ging es um die Frage, wie man sich an Menschen und ihre Biographien erinnern konnte, die über die Jahrhunderte immer wieder aus der großen Geschichtserzählung getilgt worden waren. Menschen, über die man zu viel wusste, um sie zu vergessen, und zu wenig, um faktenbasiert über sie zu sprechen.

So stand es zumindest im Programmheft.

Auf der Bühne waren Schaukästen aus Plexiglas aufgebaut. Darin stand jeweils eine Performerin, reglos wie eine Schaufensterpuppe.

Nacheinander gerieten sie in Bewegung, erzählten in abweichenden Versionen die Geschichte einer Bäuerin, die um 1800 gelebt hatte und einige Kinder bekommen hatte. Erstaunlich viele waren kurz nach der Geburt gestorben. Bei zwei von ihnen hieß es, sie hätte sie im nahegelegenen Fluss ertränkt. War sie also eine Mörderin? Unter welchen Umständen durfte man jemanden als eine solche bezeichnen?

Den Schluss bildete schließlich eine seltsam anmutende Installation, bei der die Protagonistin zwar sprach, aber nur als Voice-over zu hören war. Jeder realitätsgebende Effekt war auf diese Weise ausgelöscht, und trotzdem schuf die Künstlichkeit ihrer Rede tatsächlich so etwas wie Nähe.

Im Anschluss an das Stück war ich, begleitet von einem vagen religiösen Gefühl, meiner ehemaligen Professorin über den Weg gelaufen.

Über meinem Arm hing die braune Lederjacke, die ich nicht an der Garderobe abgegeben hatte. Ich hatte nicht vorgehabt, jemandem hallo zu sagen, noch länger zu bleiben als notwendig. Aber ich hatte ihre Seminare immer gemocht. Sie entsprach nicht der Erscheinung der anderen Professor*innen, vielleicht wirkte sie in ihren schlecht sitzenden Jeans, den vollgepillten Wollpullovern und den Cowboystiefeln zu pragmatisch für die Wissenschaft. Das Wort, an das ich bei ihr denken musste, war: hemdsärmelig.

Seit Jahren gab sie die immer gleichen Seminare zum Volk der Kaxinawá in Südamerika, bei dem sie vor über fünfzehn Jahren geforscht und gefilmt hatte. Einer ihrer Filme zeigte die Amazonas-Bewohner*innen in ihrer Reaktion, wie sie wiederum einen Film über ein Bergwerk im Ruhrgebiet schauten. Er hatte einen wichtigen Preis gewonnen und war ihr ganzer Stolz.

Wäre sie ein Mann gewesen, hätte man sie wohl liebevoll einen alten Kauz genannt, so hatten die meisten Studierenden für sie nichts als Spott übrig.

Und hier stand sie nun, trug knallroten Lippenstift und ein eng anliegendes Kleid aus dunkelgrünem Samt. Beinahe hätte ich sie nicht erkannt. In der einen Hand hielt sie ein halbvolles Glas Weißwein, schwenkte es langsam. Offensichtlich schien sie auf jemanden zu warten. Auf dem oberen Rand des Glases zeichneten sich dünn die Spuren ihrer Lippen ab, sie lächelte.

Hat Ihnen das Stück gefallen, begann sie unser Gespräch.

Ich sagte der Professorin, dass ich wirklich gern die Geschichte gehört hatte und nicht verstand, warum man sie nicht einfach linear erzählen konnte, eins nach dem anderen – ohne diese ganzen Brüche und Fragezeichen.

Die Frage, unterbrach meine Professorin mit geröteten Wangen, war doch, ob das heute überhaupt noch möglich sei ... irgendeine Geschichte linear zu erzählen.

Und wenn es nicht möglich war, hielt ich trotzig dagegen, warum ließ man es dann nicht einfach ganz bleiben?

Sie schwieg einen Moment, sagte dann, wir erzählen uns Geschichten, um zu leben.

Didion, sagte ich.

Sie nickte. Kennen Sie *Tout va bien* von Godard?

Ich wusste nicht, wovon sie sprach, was es mit Godard auf sich hatte, aber deutete vage ein Nicken an.

Es entstand ein Schweigen, in dem das Tosen der Stimmen in diesem Foyer mir auf die Ohren drückte. Sie sah sich hilfesuchend nach ihrer Begleitung um, die aber irgendwo in diesem Menschenknoten stecken geblieben war.

Wie geht es Ihnen denn, fragte meine Professorin schließlich, nach dem Studium meine ich. Ihr Interesse wirkte aufrichtig, ihr Gesicht näherte sich meinem, deshalb antwortete ich wahrheitsgemäß, ich wisse es selbst nicht so richtig.

Wir lachten verlegen.

Eine Zeitlang hatte ich Übersetzungen von Bedienungsanleitungen Korrektur gelesen, aber dann war die Firma pleitegegangen. Seither jobbte ich in einem Café, das einen großen, aus Pappe gestanzten Kafka im Schaufenster sitzen hatte, was allerlei Menschen anzog, die über Stunden vor einem Cappuccino saßen, am kalten Schaum nippten und in ein Heft kritzelten.

Scherzend bot mir meine Professorin einen, wie sie sagte, Tapetenwechsel an. Hatte ich Interesse an einem Forschungsaufenthalt? In Togo? Der eigentliche Kandidat war kurzfristig abgesprungen, nun drohten die Gelder zu verfallen, ein Jammer – Sie haben nicht zufällig ein paar Wochen Zeit?

Und zu unserer beider Überraschung sagte ich noch im selben Moment zu.

–

Tout va bien ist ein Spielfilm aus den Siebzigern von Godard und Gorin. Ich habe ihn mir nach meiner Rückkehr aus Togo angesehen. Eine Szene ist mir besonders im Gedächtnis geblieben. Sie zeigt die engagierte Radioreporterin – verkörpert durch Jane Fonda – in einer Wurstfabrik. Mehr zufällig ist sie in einen Streik geraten und wird nun zusammen mit dem Manager der Firma und ihrem Partner, einem Werbefilmer, festgehalten. Während der Manager schläft, stiehlt sie sich davon und interviewt eine der Arbeiterinnen, Georgette. Allerdings hört man nicht, was sie sprechen, sondern stattdessen die Gedanken einer dritten Person. Die junge Frau mit Sommersprossen, dunkelgrünem Lidschatten und trotzigem Gesichtsausdruck verfolgt das Geschehen misstrauisch.

Zunehmend ist sie genervt. Was Georgette da sagt, ist ja wahr, aber die Art, wie sie es sagt ... Wer ist überhaupt diese Journalistin in ihren teuren Kleidern und mit diesen dämlichen Fragen? Alle umstehenden Frauen nicken, keine unterbricht. Georgette spricht mit sanfter Stimme über sexuelle Belästigung am Arbeitsplatz, die Hausarbeit, Gewalt, ihre Angst vor einer weiteren Schwangerschaft. Dient das Interview nur als ein weiterer Grund, ihnen, den Arbeiterinnen, nicht wirklich zuzuhören? Wie müssten sie davon erzählen, damit sie endlich gehört werden und die Dinge sich grundlegend ändern?

Heute frage ich mich, hätte ich mich in Togo anders verhalten mit ihrer Stimme im Ohr? Hätte ich anders gefragt?

EUROPÄISCHER FRIEDHOF

Hier oben, im Norden Togos, war die Hitze trockener, und ich schlief besser. Tiefer und länger. Ich wachte nicht einmal auf, wenn die Muezzins bei Sonnenaufgang zum Gebet riefen. Oder vielleicht wachte ich auf, schlief aber so schnell wieder ein, dass ich es am Morgen vergessen hatte.

Nach dem Frühstück, das aus einem Kaffee und gebratenen Eiern bestand, packte ich eine Flasche stilles Wasser ein und ging zum Friedhof. Durch die leuchtend blauen Gitterstäbe konnte ich einen Betonblock erspähen, der in die Erde eingelassen worden war. Auf dem Friedhof lägen ausschließlich Europäer*innen, hatte der Bibliothekar gesagt, und dass er eigentlich immer verschlossen sei. Er selbst habe noch nie einen Fuß daraufgesetzt, auch kenne er niemanden, der das gewagt habe, denn wolle man die Gräber sehen, müsse man über den Zaun klettern. Er wisse nicht genau, ob es einen Schlüssel gebe. Wahrscheinlich.

Es müsse einen geben, sagte der Chef der Organisation. Er hatte dann die Verwaltung der Stadt über meine Anwesenheit informiert; es war leicht gewesen, einen Termin zu vereinbaren, fast zu leicht, wie ich jetzt glaubte, zu dem ein Mann kommen sollte, wie man mir versichert hatte, der im Besitz dieses Schlüssels war.

Der Mann kam, und ich erkannte ihn an seinem wissenden Blick, denn natürlich hatte er mich gesehen, lange bevor ich ihn entdeckt hatte. Seit meiner Ankunft wurde ich jeden Tag ein Stück *weißer*.

Er nickte mir zu. Mit einer geübten Bewegung stieß er das Tor auf. Auf das untere Drittel des Gitters waren zur Verzierung zwei ineinander verschlungene Ringe geschweißt, die mich kurz irritierten, da ich sie immer nur als ein Symbol für Vermählung betrachtet und nie in Verbindung mit dem Tod gesehen hatte. Ich fragte den jungen Mann, wie sein Name war, aber er stellte sich stattdessen mit seiner Funktion vor; er sei mein Guide.

Im Halbschatten der Bäume war es angenehm kühl. Die Gitterstäbe leuchteten tiefblau, wahrscheinlich waren sie vor nicht allzu langer Zeit gestrichen worden. Ich folgte dem Guide. Vor uns lagen jetzt die Gräber, nur ein Dutzend, zwei kleine, vermutlich von Kindern, acht große und eines, das im Vergleich zu allen übrigen dermaßen überdimensioniert erschien, dass es sich bei dem Toten nur um einen Riesen handeln konnte. Dahinter erstreckte sich eine weite Fläche, wie die Felder von Mais oder Yams, umstellt von schmutzig weißen Mauern.

In dieser Erde seien seit der Gründung 1911 ausschließlich Europäer*innen begraben worden, sagte der Guide, die meisten von ihnen in ihren Dreißigern verstorben. Die frühen Gräber seien, wie ich selbst gut sehen konnte, die der Deutschen, die späteren allesamt von Französ*innen, was sich natürlich mit dem Wechsel der Kolonialherrschaft zu Beginn des Ersten Weltkriegs erklären ließ. Zuvor hatte man die *Weißen* einfach auf den Hügeln beigesetzt, aber je mehr kamen, desto mehr starben auch, und schließlich hatte man die Leichname schlecht verschiffen können. Ich sollte mir nur die Krankheiten vor Augen führen, den Geruch der Verwesung.

Ich schaute mich um.

Das Gras stand hoch, dazwischen vereinzelt Bäume, auch Palmen. Früchte lagen zum Teil bereits in Auflösung begriffen am Boden.

Sind das Mangos?

Prinzipiell verwende man hier nur den Begriff Camaro, was ebenfalls auf die Geschichte zurückzuführen sei, sagte der Guide, der meinem Blick gefolgt war. Die Frucht sei keine einheimische, sondern wiederum von den Deutschen aus ihrer Kolonie in Kamerun importiert und angepflanzt worden. Daher der Name. Ähnlich war es mit dem Teakbaum, der unendlich lange Alleen säumte. An den unmöglichsten Orten. In nahezu perfekt gleichen Abständen standen die Bäume noch heute. Darin zeigte sich die Pedanterie einer Verwaltung, die von Deutschen geführt und mit der Prügelstrafe von Einheimischen bis zur totalen Erschöpfung ausgeführt worden war.

Wir gingen ein paar Schritte, und ich machte Fotos von den Gräbern. Zwei deutsche Kolonialbeamte. Auf dem prunkvollen, gotischen Stein, vermutlich aus Deutschland importiert, versicherte die Inschrift, dass der Tote

wurde. Wahrscheinlich war er an einer der hiesigen Krankheiten gestorben. Das Grab des Riesen maß vier mal drei
Meter. Abgesehen von seinem Namen und den Daten
enthielt das Grab keinerlei Information. Um das Grab,
und das war der eigentliche Grund meines Besuchs, war
eine Kette gespannt worden. Vermutlich nichts weiter als
eine Mode, die ich auch in Paris auf dem Père Lachaise
gesehen hatte. Hier brachte sie eine andere Art von
Wahrheit hervor.

Der Verstorbene sei ein Gefangener gewesen, sagte der
Guide, und man hatte sein Grab auf diese Weise markiert,
um es von den übrigen zu unterscheiden. Jede*r würde
mir dieselbe Geschichte erzählen, selbst die Schüler*innen. Ich könne mich gern umhören, wenn ich ihm nicht
glaube. Auf diese Weise müsse der Gefangene seine Strafe
im Jenseits beenden, hieß es, denn was würde passieren,
ließe man seine Seele frei? Welches Unheil könne er an-
richten? An jedem 27. April, dem Tag der Unabhängig-
keit, wurde geprüft, ob der Gefangene seine Strafe beendet hatte, was offensichtlich noch nicht der Fall gewesen
war.

Glaubte er wirklich daran?

Es sei nicht an ihm, darüber zu richten, was wahr sei
und was nicht, antwortete der Guide diplomatisch auf
meine Frage. Er für seinen Teil glaube, dass die Dinge
immer so wahr waren wie auch ihr Gegenteil, und außerdem sei das Vergessen ebenso erfinderisch wie das

Erinnern. Diese Gerüchte waren Rückstände, so wie die Gräber, die Leichname, ihre Knochen. Die Geschichten um die Deutschen und später die Französ*innen waren zu einem Teil der Stadt geworden, so wie die Toten Teil der Erde waren.

Ob ich wusste, dass einige gewissermaßen von ihren Familien hierher abgeschoben worden waren? Noch junge Trinker, von denen man hoffte, sie würden mit der Rückkehr zur Natur gesunden. Oder Spieler, die das gesamte Vermögen einer Familie in Gefahr brachten. Man bezahlte damals ihre Schulden, und im Gegenzug mussten sie versichern, quasi auf Nimmerwiedersehen zu verschwinden. Noch junge Frauen, die hier heirateten und in die bessere Gesellschaft aufstiegen. Leute, für die man nicht sorgen konnte oder wollte.

Die Sonne war gewandert und warf uns als Schatten an die niedrige Mauer. Zwei seltsam verzerrte Gestalten ohne sichtbares Geschlecht und Hautfarbe. Die Geckos flohen schnalzend aus unseren Umrissen, pflanzten sich an einen sonnigen Platz.

Ich sah auf den Boden. Der rote Lack auf meinen Fußnägeln war abgeplatzt. Als ich das nächste Mal an die Wand sah, waren unsere Schatten zu einem geworden. Ich blinzelte.

Es gebe da dieses Monument, nicht weit von hier. Es sei ein Denkmal für die gefallenen deutschen Soldaten. 1897 hatte es einen Aufstand der Konkomba gegeben. Eine Art Obelisk. In den Sockel seien die Namen der Deutschen eingraviert, die dort vor Ort gefallen waren und deren Leichen man der Einfachheit halber dort vergraben hatte. Um das Monument sei ebenfalls eine schwere Kette geschlungen, ja, die Kette sei viel wesentlicher als der Obelisk selbst.

Ich sah den Guide fragend an.

Manche glauben hier, fuhr er fort, dass die deutschen und französischen Familien noch nicht abgeschlossen haben; was wäre sonst der Grund dafür, dass bislang niemand gekommen ist, um die Verstorbenen und ihre Seelen endlich zu befreien?

Am Zaun tauchte eine neugierige Gestalt auf, ein schmächtiger Junge, soweit ich es beurteilen konnte. Er trug Uniform, kurze Hosen und Hemd, dazu blasse Ledersandalen. Die Hände umfassten die Stäbe; wahrscheinlich hatte auch er noch nie diesen Ort betreten und war auf uns aufmerksam geworden. Als der Guide ihn entdeckte, rief er ihm etwas zu. Ich verstand es nicht, aber seine Stimme klang aufgebracht. Der Junge verschwand daraufhin hinter den Mauern.

Alles in Ordnung, fragte ich.

Ich habe ihm gesagt, er sollte um diese Zeit in der Schule sein.

Er ließ den Blick von dem Punkt, an dem der Junge gerade eben noch gestanden hatte, wieder zu den Gräbern wandern.

Wir leben hier mit diesen Toten, sagte er. Manchmal frage ich mich, ob irgendwann jemand kommt, um diese ganzen Ketten und Knoten zu lösen, die die Geschichte produziert hat. Was sollen wir mit ihnen, fragte er nun fast entrüstet.

Er legte die Stirn in Falten. Es kommt mir so vor, fuhr er fort, als wären die Deutschen gegangen, in großer Hast, und in eine bis heute anhaltende Amnesie geschlittert. Natürlich, sie sind von den Französ*innen und Brit*innen zum Teufel gejagt worden ...

Sie sind nicht freiwillig gegangen, warf ich ein, in dem Glauben, sie würden wiederkommen. Aber warum werdet *ihr* das ganze Zeug nicht los? Weg damit.

Weg wohin, schnitt der Guide mir das Wort ab. Warum sollten wir es loswerden wollen? Es ist unsere Geschichte.

Die deutsche Brücke ist ein gutes Beispiel dafür, mittlerweile ist nur noch eine Ruine übrig, ein paar Steine, dennoch – er zeigte mit dem Arm eine vage Richtung an, jene aus der ich gekommen war – , sie ist einfach zu stabil, um sie wirklich zu zerstören. Es sind neue Brücken gebaut worden, die praktischer waren, den modernen Anforderungen von Fahrzeugen angepasst, aber keine hat die deutsche überlebt. Als kleiner Junge bin ich jeden Tag an diesen Steinen vorbeigelaufen, sie lagen auf meinem Weg zur Schule, besser gesagt im Weg, und entweder kletterte ich darüber hinweg oder lief um sie herum.

Viele Bewohner*innen der Stadt, die heute im Exil lebten, waren in Deutschland gelandet. Obwohl die Alten ihnen davon erzählten, wie die Deutschen ihren Großeltern aus Angst vor den Giftpfeilen damals den rechten Daumen abtrennten.

Ich fragte, ob auch er im Exil gelebt hatte.

Er wich meinem Blick aus, die Frage schien wie die nach seinem Rufnamen zu intim zu sein.

Kommen Sie, sagte er. Wir liefen ein paar Meter und hatten die Gräber jetzt ganz umrundet.

Gibt es oft Besucher*innen?

Ich bezweifelte, dass Tourist*innen herkamen. Der Ort stand in keinem Reiseführer, und selbst wenn, gab es kaum Europäer*innen, die bis in den Norden reisten.

Manchmal, erzählte er, kommt eine Familie. Ich glaube, es sind die Nachkommen eines Mannes, der hier liegt.

Er zeigte auf ein unscheinbares Grab am Rand, der Stein war von den Wettern so bearbeitet, dass die Inschrift nicht mehr zu entziffern war.

Sie legen Blumen ab, sagte er.

Sie wohnen hier, in dieser Stadt, fragte ich erstaunt.

Ich will nichts Falsches erzählen. Alles, was ich weiß, ist das, was die Leute sagen. Dass es Kinder gegeben hat, helle Haut. Vergewaltigungen. Um Kontrolle zu gewinnen, ließ man die Ehe nach togolesischem Recht zu. Die Kinder durften deutsche Namen tragen. Manche dieser Kinder kamen nach Europa. Andere blieben und wuchsen ohne Vater auf, unter ihren togolesischen Onkeln, so sagen wir das. Haben Sie schon mal den Namen Hans Gruner gehört?

Ich verneinte.

Er leitete die Togo-Hinterlandsexpedition. Heute säumen Gräber seine Route von damals; auf den Steinen steht sein Name, aber es sind nicht seine Gräber, nicht er ist diese Tode gestorben, sondern seine zahlreichen Nachfahr*innen, die wiederum Kinder gezeugt haben. Zu seiner Zeit sprach die Presse von einem ganzen Harem. Später wurden die deutschen Namen offiziell verboten.

Erst nach dem Zweiten Weltkrieg durften wir sie wieder tragen. Im Viertel Koboyo gibt es noch eine Familie.

Ich nickte, danke, sagte ich, das werde ich tun.

Es erstaunte mich, wie er sprach, von dieser Gemeinschaft, als wäre er kaum ein Teil von ihr. Mehr eine Art Vermittler, der hinter seine eigene Geschichte zurücktrat, um dafür eine andere sichtbar werden zu lassen.

Wir standen jetzt wieder am Ausgang. Das Blau der Stäbe leuchtete noch stärker als zuvor. Ich machte ein Foto von den zwei ineinander verschlungenen Ringen, auch von dem Feld.

In der Regenzeit wird hier Mais angebaut, die Erde ist sehr fruchtbar, sehen Sie?

Offenbar war der Mais bereits geerntet worden; nur die abgetrennten Stiele, harte braungelbe Halme, waren übrig geblieben. Nachdem er das Tor zugesperrt und nochmals das Schloss geprüft hatte, gab er mir die Hand. Dabei hörte ich, wie der Stoff seines bodenlangen Gewands knisterte. Ich überlegte, wie ich ihm die Fragen stellen konnte, die ich noch nicht losgeworden war und die noch ohne klare Gestalt durch meinen Kopf schwappten, aber er schien es nun eilig zu haben.

Man sieht sich, sagte er, gute Recherche, und lief hastig davon. Seine Flip-Flops klatschten auf den trockenen Boden aus Sand, ich sah ihm nach. Für einen Moment hatte ich die Orientierung verloren, dann aber hörte ich das Hupen von der Hauptstraße und lief in dieselbe Richtung los, in die der Mann verschwunden war.

—

In der Wohnung meiner Eltern gab es eine Büste, an die ich jetzt wieder denken musste. Die Nachbildung einer jungen Frau. Die Haare kurz, der Busen nur angedeutet, ihr Ausdruck seltsam unbestimmt, wölbten sich Kopf und Brust aus einem flachen, glatten Material hervor. Die längste Zeit stand die Büste im Schlafzimmer meiner Eltern auf einem der Billy-Regale. Ich konnte mich erinnern, mit ihr gespielt zu haben. Ich war auf dem Boden herumgerutscht, die nackten Beine auf dem schroffen Teppich. Immer war ich davon ausgegangen, dass meine Eltern sie auf einem Trödel erstanden hatten. Vielleicht auch an einem der Samstage auf dem Markt, in der Nähe unseres Hauses in Schöneberg. Als meine Mutter kürzlich erzählte, dass die Büste ein Mitbringsel ihres Bruders aus Nigeria gewesen war, die bis zum Tod meiner Oma in ihrer Wohnung gestanden hatte, war ich ehrlich überrascht gewesen. Weder hatte ich gewusst, dass mein Onkel Lutz als junger Mann zum Arbeiten in Nigeria gewesen war, noch, dass die Büste aus Ebenholz geschnitzt war. Als ich sie erneut in die Hände nahm, erschreckte mich das Gewicht. Sie war so schwer, massiv wie ein Stein. Die Oberfläche fühlte sich kühl und glatt an. An der Hinterseite befand sich ein winziges Loch, das darauf hinwies, dass die Büste einmal an einer Wand gehangen hatte. Diese Abbildung einer jungen nigerianischen Frau, vielleicht sogar eines Mädchens, war eines der wenigen Dinge, die meine Mutter aus der Wohnung ihrer Mutter nach deren Tod behalten hatte. Wie in den meisten Fällen musste die Auflösung des Hausstandes sehr schnell erfolgen. Viel zu schnell, sagte meine Mutter. Sie habe noch unter Schock gestanden und war allein gewesen. Lutz habe in der Schweiz gelebt, ihr Vater war bereits verstorben. Sie habe kaum Dinge behalten, aufgrund von entweder zu wenig oder zu viel Gefühl, sie wisse es heute nicht mehr, denke aber manchmal an all die Briefe und Fotos, die nun für immer verloren waren.

In den drauffolgenden Wochen bat ich sie immer wieder um Details zu der Reise ihres Bruders nach Nigeria, doch meine Mutter hatte kaum Erinnerungen. Sie sei zu jung gewesen, noch kein Schulkind, und schließlich habe der Aufenthalt auch so etwas wie eine Trennung bedeutet, denn Lutz sei nie mehr wirklich nach Hause gekommen. Die einzige lebhafte Erinnerung hatte sie an eine Kiste, die seine Rückkehr angekündigt hatte. Sie war von enormer Größe. Größer als jedes Paket, das meine Mutter als Mädchen jemals gesehen hatte. Wie ich meiner Mutter zuhörte, sah ich auf einmal das ungeduldige und erregte Kind, das sie damals gewesen sein musste. Bald nach seiner Rückkehr war Lutz aus ihrem Leben verschwunden. In ihrem Kopf musste sie die beiden Dinge – die Kiste und sein Verschwinden – miteinander verknüpft haben, denn noch heute, sagte sie, dachte sie bei der Kiste an einen Sarg. Sie war oft hineingekrochen, um nach ihrem Bruder zu suchen, aber hatte ihn nicht gefunden, natürlich, nur sein Zeug; Felle, Skulpturen, Hemden und Bücher. Es musste einen Streit gegeben haben, der zum Bruch geführt hatte, sagte sie, aber niemand hielt es damals für notwendig, sie darüber in Kenntnis zu setzen, was wirklich passiert war. Vielleicht hatten die Eltern gehofft, es wäre nur vorübergehend. Also hatte sie ihre eigenen Erklärungen gefunden, die nicht zwangsläufig die Wahrheit waren. Dass es darüber hinaus noch so viel mehr gab, das sie sich im Hinblick auf die eigene Familiengeschichte nicht erklären konnte, sagte meine Mutter abschließend. Ihr Vater hatte nie von seiner Vergangenheit gesprochen. Sein großes Vorbild sei Fred Astaire gewesen. In ihrer Wohnung hing damals ein großes Bild von ihm. Ihr Vater konnte zwar nicht tanzen, aber habe es geliebt, die Leute zu unterhalten, sie zum Lachen zu bringen, stundenlang hatte er reden können, und die Menschen hingen an seinen Lippen. Nachdem er verstorben war, habe sie sich gescheut, weitere Recherchen anzustellen, seine Schwester Hedi zu fragen zum Beispiel. Obwohl dieser Weg ihr nun offengestanden hätte. Es war, als hätte ihr Vater jene Tür geschlossen, die sie nun mit Gewalt hätte aufbrechen müssen, und das sei ihr nicht richtig vorgekommen. Vielleicht hatte sie aber auch schlichtweg Angst vor dem, was sie hätte erfahren können? Es musste einen Grund gegeben haben, warum er nicht davon hatte sprechen wollen; glaubst du nicht, fragte sie. Und dann war auch Hedi gestorben, und urplötzlich war ihr klargeworden, dass dieses Wissen nun also für immer verschwunden war, die gesamte Tür sozusagen.

MOTIVE

Zu Fuß lief ich stadteinwärts, Richtung Markt. Mein Magen knurrte, Menschen gingen an mir vorüber, sie sahen mich an, grüßten nicht selten und hielten mir kleine bunte Dinge hin. Andere trugen Obst in großen Schalen oder kleine, längliche Tomaten. Ein Kind streifte mit seiner Hand im Vorbeigehen meine Wade, ohne dass ich sagen konnte, ob es absichtsvoll war. Neben der Straße war längs des Bürgersteigs eine Installation aus Schuhen aufgebaut; Turnschuhe, in allen möglichen Farben und Größen, wobei immer nur der rechte oder linke Schuh ausgestellt wurde, was ein seltsames Bild ergab. Die Schlange reichte mindestens zwanzig Meter. Am Stand lehnte ein Verkäufer, er schien zu dösen, Blusen blähten sich im Wind, auf einem Haufen lagen abgelegte Secondhand-Shirts mit den Namen europäischer Kleinstädte; F. C. Irgendwas. Am Eingang zum Markt hielt mich ein junger Mann in einem bunt gestreiften Hemd an. Fröhlich fragte er, ob ich nicht etwa ein Foto von ihm machen wollte. Er fragte das, als wäre es nichts. Oder noch weniger als das. Ich fragte ihn nach dem Grund; er wirkte erstaunt; warum solle man bloß immer hinter allem einen

Grund vermuten, ein Motiv, und mir fiel dieser eine Satz der Künstlerin Jenny Holzer ein, den ich vor langer Zeit auf einer Fotografie in der Nationalgalerie gesehen hatte, die wiederum die Leuchtreklame eines Kinos zeigte, auf der großformatig stand:

HIDING YOUR MOTIVES IS DESPICABLE.

Ich machte also das Foto, dabei posierte der Mann mit einem Zeigefinger an der Stirn, den Kopf leicht geneigt; es schien, als hätte er diese Pose bereits lange und oft geübt, denn sie hatte alle Natürlichkeit verloren. Ich zeigte ihm das Bild. Er schien zufrieden, wir gaben uns die Hand, und er verschwand ohne einen weiteren Kommentar. Dann kaufte ich ein paar Bananen, außerdem süßes Brot und Kaffee. Mit meinen raschelnden Einkäufen und dem Bild des Mannes ging ich zurück zur Bibliothek.

Was die Motive betrifft, so fand ich sie in den Büchern. Jeden Abend setzte ich mich in den Lesesaal der um diese Uhrzeit verwaisten Bibliothek.

Über mir baumelte ein aufblasbarer Globus, dem langsam die Luft ausging. Irgendjemand musste ihn an diesen Ort gehängt und dann vergessen haben. Ich postierte das Aufnahmegerät vor mir, legte mir die Kopfhörer bereit, um das Material des Tages abzutippen, aber dann zog es mich zu den Büchern. Der Bestand der Bibliothek umfasste ausschließlich Spenden aus deutschen und französischen Stadtbüchereien, aussortierte und überflüssige Exemplare, die dafür allerdings erstaunlich gepflegt waren. Sie trugen Stempel im Inneren, die ihre Herkunft auswiesen, wie Reisepässe; grüne und rote, blaue, schwarze. München, Avignon, Toulouse, ich sprach die Orte leise aus. Manche waren datiert. Viele in deutscher Sprache, andere auf Französisch, kein einziges in der lokalen Sprache Tem. Einmal fragte ich den Bibliothekar, was sein Lieblingsbuch sei; er antwortete, ohne zu zögern, mit Victor Hugo, *Die Elenden*. Weil es ihn hatte verstehen lassen, dass es Armut auch in Europa gab. Dass sie überall dasselbe demütigende Gesicht hatte.

Wirklich?

Zwischen seinen Augenbrauen bildete sich eine Falte. Eine Zeitlang habe ich als Student versucht, nur noch Bücher afrikanischer Autor*innen zu lesen, sagte der Bibliothekar. Und fügte hinzu: Darauf willst du doch hinaus, oder? Es ist komplizierter, als du denkst; die meisten Autor*innen schreiben in der Sprache der Kolonisator*innen. Am Ende hat es sich jedenfalls so angefühlt, als hätte ich einen Teil aus mir selbst herausgeschnitten.

Später ging ich ins Bad, putzte mir die Zähne und dachte, während ich mit der Zunge über eine leichte Erhebung strich, an den Zahnarzt, der mir, kurz bevor ich aufgebrochen war, eine neue Füllung verpasst hatte.

Ich hatte seine Adresse aus dem Internet; er hatte schlechte Bewertungen, aber mein Zahnarzt war im Urlaub gewesen, und es hatte keine Ärztin und keinen Arzt in der Nähe gegeben, die oder der so spontan noch einen Termin frei gehabt hatte.

Er war ein junger Kerl, ganz in Weiß gekleidet, braun gebrannt und mit blonden kurzen Haaren, der unablässig auf mich einredete und Fragen stellte, obwohl ich ihm mit dem weit aufgesperrten Mund und den Schläuchen und Geräten darin nicht antworten konnte. Die Lampe hatte mir heiß ins Gesicht geleuchtet, der Stuhl schien viel zu weit gekippt, so dass ich mich mit den Händen an den Seiten der Liegefläche festhielt, um nicht Stück für Stück nach hinten zu rutschen, was mir ebenso absurd wie notwendig erschien.

So ausgeliefert wurde ich erstaunlicherweise mit einem Mal ruhig, die Passivität machte mich schläfrig, ich roch das warme Gummi seiner Handschuhe, sah die feinen Härchen auf seinen gebräunten Armen. Manchmal schloss ich die Augen. Öffnete ich sie, fiel mein Blick auf eine Fotografie von einem Urwald. Eine gerahmte Luftaufnahme, möglicherweise ein Abzug aus dem Werk des brasilianischen Fotografen Salgado. Mit einem metallenen Stab, der am Ende gebogen war, kratzte der Arzt an der Oberfläche meiner Zähne herum, drang in die Zwischenräume; es tat nicht weh, trotzdem schossen mir Tränen in die Augen.

Was ich denn um alles in der Welt in Afrika wollte, fragte er, und redete weiter. Jetzt bereute ich, dass ich ihm in einer Art Smalltalk vor der eigentlichen Behandlung erzählt hatte, dass mein kurzfristiger Besuch dem Umstand einer längeren Reise geschuldet war.

Es gab doch hier wirklich genug zu tun, sagte der Zahnarzt. Ob ich mich selbst loswerden wollte. Hatte ich an die Krankheiten gedacht, die ich mir dort holen konnte?

Seine Hände wussten offenbar, was sie taten; er führte alle Griffe routiniert aus, trotzdem wuchs meine Anspannung. Es hatte auch damit zu tun, dass er während seiner Rede die Angestellte drängte, mit dem Schlauch immer weiter in den Rachenraum vorzudringen. Als sie, die mir bis dahin kaum aufgefallen war, versehentlich den Schlauch, der an der Spitze einen kleinen Sauger aus Plastik hatte, losließ und Wasser gemischt mit Speichel und Blut über meine Wangen floss, fuhr er sie hart an, vollkommen unangemessen. Ob sie zu dumm wäre, um einen Schlauch ordentlich zu halten? Er verlange keine Höchstleistungen hier, nur eine Hand, die hielt, was sie halten solle.

Ich roch seinen Kaffeeatem, ihre Angst, die vielleicht auch meine war; ich wollte etwas sagen, aber befürchtete, er würde mit der scharfen Spitze des Bestecks vom Zahn ins Fleisch gleiten, wenn ich meinen Mund unvorhergesehen und ruckartig bewegte. Auf ihren Pupillen schwammen Kontaktlinsen, sie war so nah, über meinen Körper gebeugt, dass ich ihre Brüste spüren konnte. Sie verengte die Augen, auf den Lidern schimmerte ein bronzefarbenes Pulver, winzige nachwachsende Haare verrieten, dass sie die Brauen zupfte. Das alles sah ich wie unter einem Brennglas, was bedeutete, dass sie mich ebenfalls so sehen musste. Die Krümel der am Morgen sorgfältig aufgetragenen Mascara in den winzigen Falten unterhalb der Augen. Sie sagte nichts. Auch er schwieg. Mit Blicken versuchte ich ihr meine Solidarität zu vermitteln, aber sie sah mich nicht an, nur einmal rutschte ihr Blick vom Mund zu meinen Augen aufwärts, und sie wirkte fast erschrocken. Als die Behandlung abgeschlossen und meine Mundwinkel trocken und wund waren, der Arzt das Zimmer verlassen hatte, riss sie mir den Papierfetzen, der als eine Art Lätzchen gedient hatte, wütend vom Hals. Als wollte sie mich für die Erniedrigung strafen. Jedes Mal, wenn ich jetzt über die Füllung fuhr, sah ich ihren verächtlichen Blick vor mir. Ich presste die Kiefer aufeinander und legte mich in eins der frisch bezogenen Betten, schloss die Augen, hörte von draußen das leise gestellte Radio des Nachtwächters, sein beinahe tonloses Summen zur Musik und fand schließlich in einen mühsamen Schlaf.

–

Neda hatte mich einmal gefragt, wie es war, ohne Geschwister aufzuwachsen. Natürlich hatte ich die Frage nicht wirklich beantworten können, da ich nicht wusste, wie das Leben mit einer Schwester oder einem Bruder verlaufen wäre. Allerdings erzählte ich ihr von dieser Erinnerung, keiner konkreten, mehr einer Variation eines Motivs, das für mich exemplarisch war. Wie ich mit meinen Eltern einen Ausflug machte, um uns stand ein dichter Wald, wir folgten einem kleinen Pfad, und oft ließ ich mich beim Spazieren absichtlich zurückfallen. Die feuchte Erde roch kalt und reich. Unter meinen Schuhsohlen knackten Zapfen. Dann und wann überprüfte ich mit einem Blick, ob die Erwachsenen noch da waren, ich hörte entfernte Stimmen. Nicht selten hatten sie eine Auseinandersetzung. Oft war ich hungrig, erschöpft, einfach nur gelangweilt, aber ich versuchte, nichts davon zu fühlen, der Führung meiner Eltern blind zu vertrauen. Ich sagte, diese Erinnerung rufe in mir eine fast körperliche Empfindung wach, die bedrohlich und beruhigend zugleich war. Erleichternd, da ich ohnehin keine Wahl hatte, dennoch beängstigend, weil ich ihnen so komplett ausgeliefert war und mir eigene Wünsche, Bedürfnisse, sogar eine Bewertung der Welt versagte.

Ich machte ein Spiel daraus, den Abstand immer größer werden zu lassen, bis mich die Furcht packte und ich schnell aufschloss. Manchmal blieben meine Eltern an einer Weggabelung stehen, aus der Ferne sah ich ihre Gesten, hörte Geschrei. War ich bei ihnen angekommen, folgte meine Mutter dem Pfad, während mein Vater querfeldein lief. Er wollte eine Abkürzung nehmen, meine Mutter hingegen wollte nicht riskieren, dass wir in der hereinbrechenden Dunkelheit durch den Wald irrten. Wem ich mich anschloss, war letztlich egal. Es ging dabei nicht um mich.

Erst heute, so viele Jahre später, wurde mir die Drastik mancher Situationen bewusst. Die verbale Gewalt, die mein Vater gegen meine Mutter gerichtet hatte. Ihre Verzweiflung und Hilflosigkeit, auch Wut, die dann manchmal mich traf. Und während ich Neda davon erzählt hatte, hatte ich mich gefragt, ob ich mich tatsächlich absichtlich hatte zurückfallen lassen oder ob ich nicht viel eher zurückgelassen wurde, wenngleich ich das nie vor jemand anderem als mir selbst zugegeben hätte. Das erleichternde Gefühl, jeden Widerstand aufzugeben und in die Reihen der Zuschauenden zu treten, war das Gleiche wie jenes auf der Liege des Zahnarztes gewesen.

FREIWILLIG

Einige Tage nach dem Friedhofsbesuch ging ich zur Post, um mich über die nächsten Möglichkeiten für eine Reise mit dem Bus in den Süden zu informieren. Manche holten hier Bargeld ab, das ihnen jemand per *Western Union* geschickt hatte, das ging in der Regel schnell, andere gaben Pakete und Briefe auf, das dauerte etwas länger. Der Freiwillige stand direkt vor mir, und als er sich zu mir umdrehte, lächelte er, als müssten wir uns bereits kennen.

Hier, in diesem kleinen Städtchen, gebe es nicht sehr viele Europäer*innen. Er selbst habe bisher nur eine junge Französin, eine niederländische Anthropologin und zwei deutsche Praktikanten getroffen, die Solaranlagen installierten.

Wie sich herausstellte, war er ebenfalls Deutscher, hatte aber eine französischstämmige Mutter, weshalb er sich fließend und ohne jeden Akzent verständigen konnte.

Nun aber wechselten wir kommentarlos ins Deutsche.

Er kam aus einer kleineren Stadt bei Hamburg, wirkte sehr jung auf mich, aber auf eine lässige Art abgeklärt.

Seine dichten schwarzen Haare waren aus ihrer ursprünglichen Frisur herausgewachsen. Der Pony hing ihm störrisch in die Stirn und reichte bis über die schmierigen Brillengläser. Ein einfaches Drahtgestell, zeitlos. Er sei eigentlich hauptsächlich auf Wunsch seines Vaters hier. Die meisten seiner Freund*innen hingen das Jahr nach dem Abitur noch zu Hause ab, in ihren Vorstadtkinderzimmern, vorzugsweise unterm Dach, und kifften sich die Birne weg. Immer wieder habe sein Vater ihn mit dem Wunsch bedrängt, ins Ausland zu gehen, von den Möglichkeiten gesprochen, den unzähligen, und dass es für ihn nicht so leicht gewesen war, die Welt zu sehen. Vielleicht gehörte sein Vater überhaupt zu einer der letzten Generationen, für die das Reisen für sich genommen etwas Kostbares gewesen war, etwas von Wert. Er selbst glaube, Reisen als solches habe für seine Generation den Reiz verloren. Vielleicht, weil man sich nicht bewegen könne, ohne über globale Zusammenhänge und Konsequenzen nachzudenken. Weil es erschwinglich war, für Leute wie ihn, etwas, das man konsumierte wie neue Sneakers oder Musik.

Plötzlich erschien ein Mann neben uns, er lachte und stieß dem Freiwilligen scherzhaft den Ellenbogen in die Seite. Seine Augen waren hellbraun, fast honigfarben.

Der Freiwillige begrüßte den Mann freundlich, indem er ihm kurz die flache Hand aufs Schulterblatt legte, aber er machte keine Anstalten, uns einander vorzustellen. Er sprach auf Deutsch weiter, obwohl der Mann stehen geblieben war.

Kurz bevor der Freiwillige aufgebrochen sei, habe er

einen dieser Outdoorshops aufgesucht, in denen es Softshelljacken und Trekkingschuhe gab, weitere Dinge, die er weder je gesehen noch vermisst hatte. In einem Hinterzimmer war eine Niederlassung des Tropenarztes, der im Akkord gegen Gelbfieber und Hepatitis impfte. Diese offensichtliche Verbindung von Konsum und Reisen hatte ihn kurz sprachlos gemacht, gleichzeitig kam sie ihm aufrichtig vor. Die großflächige Reklame hatte ihn an den Typ Abenteurer erinnert, den er sah, wenn er die Fotos seines Vaters von damals betrachte: Backpack, ausgewaschenes Batikhemd, Ärmel bis zur Schulter aufgekrempelt, Schuhe an die Seite geknotet und barfuß durch Mangrovenwälder watend. Nur war die Reiseerfahrung inzwischen so durchkapitalisiert, dass nichts Abenteuerliches mehr daran war. Sein Vater war als Student durch Südamerika getourt, Bolivien, Ecuador, Peru, und habe dort Ayahuasca genommen, eine pflanzliche Droge mit halluzinogener Wirkung – hatte ich davon schon einmal gehört? Sicher hatte ich davon gehört, wer nicht. Eine Erfahrung, von der sein Vater heute noch als einer Offenbarung sprach. Er habe das immer peinlich gefunden. Schließlich sei die Idee, man könne sich selbst auf Reisen finden, ziemlich idiotisch.

Der Mann war inzwischen weitergegangen, er hatte sich auf ein Stück Pappe im Schatten gesetzt, die Ellenbogen auf den Beinen abgestützt, den Kopf in den Händen. Ich fragte mich, in welcher Beziehung er wohl zu dem Freiwilligen stand. Im Innenhof der Post wurden Busse beladen, Menschen stiegen ein und aus. Niemand wollte länger als notwendig unter der prallen Sonne ausharren.

Was sein Vater beschrieben hatte, fuhr der Freiwillige mit seinem Monolog fort, glich mehr einer Erfindung. Er selbst glaube nicht, dass der Mensch genuin ein Wesen hatte, das er ergründen konnte. Jeder Mensch sei einzigartig, natürlich, und trotzdem glichen sich die vielen Geschichten doch sehr verräterisch. Ihn habe es nie gereizt, weder das Highschool-Jahr im Bible Belt, das viele seiner Klassenkamerad*innen absolviert hätten, noch diese ganzen Freiwilligendienste. Ob ich wüsste, dass die beliebtesten dieser Dienste keine Menschen, aber Tiere involviere?

Riesenschildkröten pflegen in Costa Rica. Er rümpfte die Nase.

Er habe eine Dokumentation darüber gesehen, in der lauter begeisterte junge Menschen die Panzer dieser armen Tiere mit Bürsten, die gewöhnlichen Zahnbürsten nicht unähnlich waren, schrubbten, um Seetang und Schlamm zu entfernen, und er habe daran Zweifel bekommen, ob das wirklich im Interesse der Tiere war oder nicht vielleicht eine Art Arbeitsbeschaffungsmaßnahme für Abiturient*innen, weil jede*r Abiturient*in für die einheimische Organisation eine lukrative Einnahmequelle bedeutete.

Ich fragte den Freiwilligen, was seine Arbeit war.

Er arbeite in einem Waisenheim, was ihm auch wie ein Klischee vorgekommen sei, aber am Ende sei das vielleicht der ausschlaggebende Punkt gewesen. Es erschien ihm am ehrlichsten. Er komme gut mit den Kindern zurecht. Er mochte Kinder, so war es schon immer gewesen. In Deutschland hatte er auf Kinder aufgepasst und sich so als Schüler das Taschengeld aufgebessert. Vielleicht verstehe er sich so gut mit ihnen, weil er der Kindheit selbst gerade erst entwachsen war. Ob ich den Eindruck teilte, dass manche Menschen Kinder hassten?

Ich dachte kurz nach, aber er schien nicht auf meine Antwort zu warten, was mir recht war.

Er glaube zu wissen, dass sein Vater zu diesen Menschen zählte. Etwas schien ihn an Kindern abzustoßen, und er meinte verstanden zu haben, dass es an ihrer Bedürftigkeit lag. Er konnte es nicht ertragen, zu sehen, wie abhängig er selbst einmal gewesen sein musste, wie machtlos. Sein Vater war sehr überrascht von seiner Wahl gewesen, in einem togolesischen Waisenhaus zu arbeiten, und er war sich sicher, zu wissen, dass er trotz allem von ihm enttäuscht war, selbst wenn er seinem Wunsch nachgekommen und ins Ausland gegangen war, und vielleicht konnte er nichts tun, was seinen Vater nicht enttäuschte, aus dem einfachen Grund, weil er nicht sein Vater war und also die Dinge immer anders machte, als sein Vater es sich vorstellte. Im Grunde, so glaube er jetzt, nahm sein Vater es ihm übel, dass er ein eigenständiger Mensch war, mit einem eigenen Verlangen. Der räumliche Abstand hatte ihm geholfen, dies alles klarer zu sehen, und vielleicht war der Freiwilligendienst in dieser Hinsicht am Ende doch wertvoll.

Zum ersten Mal hielt er wirklich inne, er sah mich an.

Entschuldige, sagte er, ich rede viel, oder? Eigentlich bin ich eher verschlossen. Normalerweise höre ich meist zu, wenn die anderen reden, was oft dazu führt, dass ich selbst davon ausgehe, ich wäre wirklich der besonnene und ausgeglichene Typ, für den mich alle halten.

Alles in Ordnung, sagte ich.

Er lachte verlegen.

Warum interessiert dich das, fragte er.

Dass ich das auch nicht wüsste, antwortete ich, aber wir hätten schließlich Zeit.

Während er weitersprach, strich er sich immer wieder die fransigen, langen Haare hinters Ohr. Am Kinn saß eine feine Naht, vielleicht war er als Kind vom Fahrrad gefallen.

Die Religiosität der Einrichtung habe ihn irritiert. Die Kruzifixe überall, selbst über seinem Bett, und die Trachten der Schwestern hatten ihn befremdet. Mit ihren Häubchen und dunkelgrauen Kutten erinnerten sie ihn an alte, müde Tauben. Religiöse Symbole hatten in ihm immer schon etwas Unheimliches und Unheilvolles ausgelöst, genauso wie Uniformen. Während die Kathedrale und ihr Glockenschlag an Sonntagen in ihm komischerweise eher eine Art Heimweh wachriefen. Mittlerweile habe er sich an die Kreuze gewöhnt, und soweit er es beurteilen konnte, waren die Einflussnahme und der missionarische Anspruch im Vergleich zu anderen lokalen Einrichtungen noch zurückhaltend. Das sei vielleicht das Erstaunlichste, dass man sich so schnell an alles gewöhnte, in einem Tempo, das ihm selbst unheimlich war.

Wir waren ganz vorn angelangt in der Schlange. Er sah sich irritiert um, als hätte er ganz vergessen, was er hier eigentlich wollte. Er fasste nach seinem Arm, umschlang das Handgelenk fest und lächelte befangen.

Erst jetzt merke er, sagte er entschuldigend, was alles in ihm gearbeitet hatte.

Ich dachte an ein Sprichwort, das besagte, dass der Mensch zwei Hände braucht, damit die eine Hand die andere halten konnte.

Jemand winkte ihn zum Schalter. Bald darauf wurde auch ich aufgerufen.

Als ich aus dem Postgebäude nach draußen in den Hof trat, zwickte mir das Licht in den Augen. Ich kniff sie zusammen, und das war wahrscheinlich der Grund, weshalb ich ihn einfach übersehen hatte.

Der Freiwillige hatte beim Ausgang auf mich gewartet, aber ich war an ihm vorübergelaufen. Nun hatte er aufgeholt und atmete schwer.

Was willst du im Süden tun, fragte er.

Ich erklärte ihm, dass ich die Reste der Funkstation besuchen wollte, die die Deutschen während ihrer Kolonialherrschaft erst gebaut und anschließend zerstört hatten. Ich plante einen kurzen Trip, im Anschluss wollte ich hierher zurückkommen.

Er war überrascht; obwohl er schon mehrmals im Süden gewesen war, hatte er nichts von einer Funkstation gesehen oder gehört. Die Wasserfälle hingegen hatte er zweimal besucht. In Kpalimé gebe es die meisten Freiwilligen, und wahrscheinlich aus genau diesem Grund eine Pizzeria und sogar Strandbars. Nirgendwo sonst hatte er in Togo so viele junge *Weiße* an einem Fleck gesehen, sie liefen in Gruppen, sahen nahezu identisch aus in ihren Complets, den nach einheimischer Art geschnittenen Kleidern, Mädchen wie Jungen, außerdem hatten sie alle Flechtfrisuren. Dort, in dieser Stadt, konnte man den Eindruck gewinnen, man sei in einem gänzlich anderen Land. Die Moto-Taxi-Fahrer hatten lange Dreads und Bob-Marley-Shirts, etwas, das hier im Norden des Landes mehr als verpönt war, weil es mit Drogenkonsum assoziiert wurde. Aber die Freiwilligen brachten ihre eigene Vorstellung von diesem Kontinent mit, und auf magische Weise erfüllte sie sich, weil die Menschen verstanden hatten, dass man mit Bob Marley mehr Geld verdienen konnte. Die Freiwilligen machten Fotos, die sie als Schnappschüsse an Daheimgebliebene verschickten oder posteten, was wiederum die Fiktion nährte, in Afrika sähen alle Männer wie Bob Marley aus. Seine Tandempartnerin und er hatten sich während ihrer Kurztrips sehr entspannt; ein wenig hatten sie sich dafür geschämt, diese Fiktion gleichermaßen zu genießen.

Seine Tandempartnerin sei übrigens ganz anders als er, auf eine gute Art pragmatisch. Sie sei mit viel Engagement, vielleicht sogar Ehrgeiz, bei der Sache. Schon nach einer Woche hatte sie die Leitung des Waisenheims davon überzeugt, dass sie in der Krankenstation besser aufgehoben war. Sie wollte Medizin studieren, hatte ein Einserabitur. In Deutschland, habe sie ihm erklärt, dauere es Jahre, bis man in der Ausbildung eine Spritze setzen durfte. Sie sei eine jener jungen Frauen, die sehr genau wüssten, was sie wollten, und darin nicht aufzuhalten waren. Um ehrlich zu sein, habe er manchmal ein bisschen Angst vor ihr. Aber obwohl sie so verschieden waren, verstanden sie sich – er war selbst davon überrascht – blendend. Sie hatten sich eine Ziege gekauft und sie Erika getauft. Ich sollte doch bei Gelegenheit vorbeikommen und sie besuchen.

AMINA

Auf dem Rückweg zur Bibliothek machte ich einen Schlenker, wehrte einige Moto-Taxi-Fahrer ab, und lief möglichst entschieden und mit langen Schritten. Das helle Blau wendete sich bereits in ein Grau.

Wie einige Reiseführer und Blogs empfahlen, hatte ich nur eine Jeans eingepackt und wollte mir jetzt eine leichtere Hose schneidern lassen. Die Adresse hatte mir der Bibliothekar empfohlen; die Schneiderin, sagte er, hatte mit ihrer Familie einige Jahre in Deutschland gelebt und mit Sicherheit würde sie sich über meinen Besuch freuen.

Das Kabinett lag direkt an der Kreuzung. Auf den Stufen vor dem kleinen Raum, dessen Türen weit offen standen, saßen zwei junge Frauen, die miteinander scherzend Handarbeiten verrichteten. Sie grüßten freundlich, als ich auf sie zutrat, um nach Amina zu fragen.

Warte hier, sagte eine der Frauen, die mir jetzt, aus der Nähe betrachtet, doch eher wie ein Mädchen erschien. In ihren Haaren steckte ein Kamm. Ein Teil war geflochten, der andere wurde mit einem Gummiband zusammengehalten. Sie ging durch den Raum, der in einen Hof führte.

Die andere junge Frau lächelte; willst du dich setzen?

Sie deutete in den schattigen Raum, die Wände waren grünblau gestrichen. Zwei Nähmaschinen standen darin, außerdem Bänke, auf einer Ablage Stapel von Stoffen. Während ich wartete, sah ich mir auf einem Poster, welches an der Längsseite angebracht war, verschiedene Schnitte an, jeweils von demselben Modell präsentiert. Vierundzwanzigmal dieselbe Frau mit kurzen, glänzenden Haaren, schönen Kurven, aber immer aus einer anderen Perspektive, in einem anderen Kleid; mal war der Rücken weit ausgeschnitten, mal die Schulterpartie gerafft. Würde man alle diese Bilder aneinanderkleben, überlegte ich, man hätte ein kubistisches Porträt.

Was kann ich für dich tun?

Amina stand mitten im Raum. Ich hatte sie nicht kommen gehört, routiniert band sie sich kopfüber' ein Tuch ums Haar, legte die Enden vorn übereinander und führte sie zum Hinterkopf, wo sie sie feststeckte. Sie hatte ein freundliches Gesicht; kleine Augen, einen offenen Blick.

Ich zog den Stoff aus der raschelnden Plastiktüte, den ich auf dem Markt gekauft hatte. Emma, eine Mitarbeiterin aus der Bibliothek, hatte mich zum Einkaufen begleitet. Beharrlich hatte sie auf jene Muster gezeigt, deren Farben am meisten leuchteten – pink, rot, grün –, aber jedes Mal, wenn ich mich mit einem der angehaltenen Stoffe im Spiegel gesehen hatte, war ich mir wie ein Gespenst vorgekommen, blass und krank. Schließlich hatte ich mich für einen Stoff in dezenten Farben entschieden, ein mattes Grün und Braun, das Muster war filigran, Emma sichtlich enttäuscht gewesen.

Während ich den Stoff jetzt auffaltete, beschrieb ich

Amina die Art von Hose, die mir vorschwebte; weit sollte sie fallen, praktisch sein, vielleicht konnte sie oben eine Kordel einziehen?

Sie hörte geduldig zu, nickte, dann zog sie aus einem Stapel eine noch unfertige Hose, hielt sie in die Luft; stellte ich mir in etwa das hier vor?

Ich nickte. Ja, genau so –

Diese Hose sei für eine Holländerin, Anthropologin, wenn sie sich richtig erinnerte, die gerade hier forschte. Ob wir uns kannten?

Ich verneinte, aber erzählte wahrheitsgemäß, dass ich bereits von ihr gehört hatte.

Amina nickte, grinste dabei, und während sie meine Maße nahm, das eine Ende des gelben Zentimeterbandes im Mund, das andere in der Hand, stellte ich mir vor, wie Amina die Anthropologin an meiner Stelle ausmaß, mit dieser sanften und dennoch professionellen Haltung, einem Nachdruck, der den Körper in jene Position schob, wie sie ihn brauchte. Der Hose nach zu urteilen musste sie eine sehr große Frau sein, viel größer als ich. Als Amina an den Hüften angelangt war, wusste ich nicht, wohin mit den Armen; sie schlackerten unnütz in der Luft wie ungehaltene Zügel an einem Pferd ohne Reiter*in.

Diese Anthropologin, sagte Amina, hat versucht, mir zu erklären, was sie hier tut. Sie forscht zur Geschichte der Stoffe, ihren Handelswegen und der Wahrnehmung, wenn ich sie richtig verstanden habe. Interessant, auch wenn ich nicht verstehe, warum man jemanden dafür bezahlt, zu verreisen und anderen Menschen Fragen zu stellen.

Das hier, sagte sie, sind allesamt sogenannte WAX-Prints. Stoffe, die zum Großteil in Holland hergestellt wurden. Die traditionell afrikanischen Stoffe sind gewebt und für viele Menschen unerschwinglich.

Das heißt, fragte ich, die Stoffe sind gar nicht afrikanisch?

Sie machte ein leises pfeifendes Geräusch durch die Vorderzähne, wie um einem tiefen Unmut Luft zu verschaffen.

Was ist schon afrikanisch? Unsere Geschichte ist wie die Stoffe. Seit Jahrhunderten fest verwoben mit anderen, so dass man nicht mehr unterscheiden kann, wo der eine Faden aufhört und der andere anfängt. Um das herauszufinden, müsste man alles auseinanderreißen.

Sie legte den Stoff beiseite, notierte erneut etwas auf dem Zettel.

Und was ist mit dir, fragte sie, kommst du auch aus Holland oder aus Frankreich?

Nein, Deutschland, sagte ich. Allemagne. Ein Wort, das mir im Ausland immer schon schwer über die Lippen ging, egal in welcher Sprache. Schlagartig änderte sich ihr Ausdruck; sie wirkte interessiert.

Wir können also deutsch sprechen, sagte sie.

Wir lachten, beide befangen.

Wo hast du Deutsch gelernt, fragte ich. Durch den Sprachwechsel fühlte ich mich seltsam demaskiert.

In Sinsheim. Mit meiner Tochter und meinem Mann, mein Sohn ist dort geboren. Ramsy. Er ist hinten, in unserer Wohnung. Ich werde ihn dir später vorstellen.

Sie notierte wieder ein paar Zahlen auf einem Zettel,

schaute hoch. Die Frage war greifbar, trotzdem unmöglich. Ich wollte sie nicht bedrängen, wir kannten uns ja kaum. Immer häufiger fragte ich mich, gab es ein richtiges, ein falsches Zuhören? Wie viele Arten des Zuhörens gab es? Und welche davon beherrschte ich? Manchmal erwischte ich mich dabei, bereits im Hören die Geschichte mit anderen Erzählungen abzugleichen. Wer erzählte sie mir und warum?

Amina betrachtete mich aus eng gezogenen Augen, als würde auch sie mich abschätzen, mit ihren eigenen Begegnungen abgleichen.

Wir sind nicht abgeschoben worden und trotzdem nicht freiwillig gegangen, sagte sie schließlich in die wachsende Stille. Man hat uns aber ständig mit der Abschiebung gedroht. Freund*innen von uns hat man mitten in der Nacht aus dem Bett gezerrt; sie durften nicht einmal ihre Sachen packen. Man hat sie im Nachthemd, barfuß, in Gewahrsam genommen. Zusammen mit den Zwillingen, sie waren damals noch klein. Mit klein meine ich Babys. Die Frau ist zusammengebrochen in dieser Nacht, sie hat am Telefon zu mir gesagt, etwas ist gebrochen. Ich weiß nicht, ob ich jemals wieder heil werde. Man brachte sie ins Krankenhaus, sie bekam Medikamente, Beruhigungsmittel; eine Woche später saßen sie im Flugzeug. Wir hatten Angst, dass uns das Gleiche passieren würde. Ich hatte vor allem Angst um die Kinder.

Wir wollten selbst entscheiden, anstatt aus dem Land geprügelt zu werden. Wir wollten uns beweisen, dass wir immer noch Entscheidungen treffen können, denke ich heute, wie Menschen. Das war der Grund, warum wir gegangen sind, schätze ich.

In der Türöffnung erschien eine Gestalt, groß und hager, sehr aufrecht. Ich konnte das Gesicht nicht erkennen, da es draußen zu hell war. Amina schien den Mann zu kennen, wechselte ein paar schnelle Worte, die ich nicht verstand.

Mein Mann, sagte sie schließlich lächelnd. Er trat zu mir, gab mir die Hand, und im selben Moment schreckte ich zurück. Er musste die Reaktion gewohnt sein, denn er blieb gelassen, lachte auf.

Zwei Finger, sagte er, sie haben mir zwei Finger genommen drüben in Deutschland.

Er hielt mir die Hand dicht vors Gesicht. An der Stelle, wo Zeige- und Mittelfinger gewesen wären, spannte sich eine zarte Haut, die rosa schimmerte.

Du hast sie nicht zufällig mitgebracht? Sein Lachen klang warm. Ich wusste nicht, was ich sagen sollte.

Wie dem auch sei, willkommen in Togo, er gab mir noch mal die Hand. Dann setzte er Amina einen Kuss auf die Stirn und verschwand.

Immer erschreckt er die Leute, sagte sie, es ist seine Art, damit umzugehen. Nichts für ungut. Amina legte mir eine Hand auf den Unterarm. Sie konnte nicht ahnen, dass ich an die abgetrennten Daumen der Konkomba dachte, von denen der Guide mir auf dem Friedhof erzählt hatte, und ich erwähnte es nicht, stattdessen fragte ich:

Wie ist das passiert?

Amina schüttelte den Kopf, als hätte sie die Geschichte

zu oft erzählen müssen. Wie es sein musste, permanent mit der Anwesenheit von etwas Abwesendem konfrontiert zu werden?

Es war ein Unfall. In Sinsheim hat er eine Stelle in einer Fleischfabrik gefunden. Viele von uns haben da gearbeitet. Es war leicht, Arbeit zu finden damals. Die Arbeit, die niemand machen wollte.

Mein Mann war glücklich darüber, eigenes Geld verdienen zu können. Eine Versicherung zu haben. TK, siehst du, ich erinnere mich an das Logo. Wir waren alle bei der TK damals. Ich habe die Ausweise aufgehoben, mitgenommen, aber hier funktionieren sie natürlich nicht. Jetzt sind sie einfach nur ein wertloses Stück Plastik. Aber sie sind mehr als nichts. Die Arbeit war schwer. Du stehst die ganze Zeit in der Kälte. Die Arbeiter*innen waren immer krank, viele depressiv. Jedenfalls ist es da passiert. Was will man machen. Die Finger kriegst du nicht zurück. Wir kriegen gar nichts, obwohl es ein Arbeitsunfall war. Obwohl wir versichert waren. Obwohl wir in die deutschen Rentenkassen eingezahlt haben, bekommen wir nichts. Hier – so weit weg – gibt es uns gar nicht mehr. Wir sind aus den Systemen gefallen.

Sie stand auf, hob die Schultern und ließ sie wieder fallen.

So ist das, sagte sie, als sie meinem Blick begegnete.

Und ich wollte ihr widersprechen, wollte sagen, dass es so nicht sein sollte, aber alles, was mir an Antworten einfiel, schien ungenügend; läppisch angesichts der Gewalt.

Ende der Woche kannst du wiederkommen, dann ist die Hose fertig, sagte Amina.

Danke, sagte ich, und, es tut mir leid.

Was?

Alles, schätze ich, ihr Blick irritierte mich, schnell schob ich hinterher: Ich habe keine Ahnung.

Amina nickte.

So ist das, wiederholte sie. Viele von uns werden krank. Wir verschwinden vom Radar. Niemand fragt nach uns. Nicht in Deutschland. Sobald wir aber am Flughafen ankamen, wurden wir befragt. Ob wir Lügen über den Präsidenten erzählt haben. Man behandelte uns wie Kriminelle; nicht nur in Deutschland, auch hier. Es gibt da diesen Mann, du hast ihn bestimmt schon mal gesehen. Tagsüber sitzt er an der Kreuzung, er hat ein altes Transistorradio dabei, immer hält er es in der Hand, da brüllt er Befehle rein. Er brüllt sie in deiner Sprache; hast du ihm schon mal zugehört? Ich glaube, er war sogar mit einer Deutschen verheiratet.

Ein vages Bild tauchte auf. Der Mann hatte staubige, zerfetzte Kleidung und verfilztes Haar. Er hatte an einem Baumstamm gelehnt, es war heiß gewesen, um die Mittagszeit, vielleicht hatte er geschlafen. Ich hatte mich gewundert, denn in dieser Stadt gab es keine Menschen, die wie er auf der Straße lebten, verwahrlost, allein.

Was ist mit seiner Familie, fragte ich.

Es ist die Scham. Amina schüttelte heftig den Kopf. Wenn dich die ganze Welt wie eine Kriminelle behandelt, glaubst du irgendwann selbst daran, kriminell zu sein. Manchmal hat die ganze Familie Geld zusammengekratzt, um die Reise zu finanzieren. Scheitern ist keine Option. Also lügen die Menschen. Sie bleiben ein paar

Tage, dann Wochen. Sie erzählen allen, dass sie Urlaub machen, bald wieder nach Europa zurückkehren. Manche fangen an, sich selbst zu glauben, und gehen daran zugrunde. Sie haben keine Wahl. Schließlich ist es die Familie, die feststellt, dass es keine Rückkehr geben wird. Für Menschen wie uns ist es fast unmöglich, Arbeit zu finden. Wenn du von den Deutschen, unseren Freund*innen, abgeschoben wurdest, musst du doch etwas falsch gemacht haben – so denken die meisten. Eigentlich solltest du die Familie durchbringen, jetzt muss die Familie auf einmal dich durchbringen. Es ist schwer. Für manche ist es zu schwer; manche gehen kaputt. Ehen gehen in die Brüche. Wir hatten Glück, wir hatten immerhin uns.

Amina stand auf, sie legte den Stoff auf den Stapel, dann nahm sie meine Hand. Sie lächelte.

Ich will, dass die Leute meine Geschichte kennen, aber ich habe immer Angst, hinter ihr zu verschwinden.

Ihre Stimme klang weder bitter noch traurig, aber sie war enttäuscht, das war offensichtlich.

Sie können uns abschieben, sagte sie, aber wir sind immer noch da, verstehst du, wir gehen nicht weg. Wenn sie uns mit Gewalt entfernen müssen, bedeutet das wohl, dass sie große Angst vor uns haben. In der Schule haben wir damals gelernt, dass die Deutschen unsere Freund*innen sind; aber sie haben viel zu große Angst davor, uns wirklich in die Augen zu sehen. Sie fürchten sich, und ich frage mich schon seit einiger Zeit, wovor eigentlich, aber dann kam mir ein Gedanke, der alles änderte; nicht vor uns fürchten sie sich, sondern vor ihrem eigenen Unrecht; ihr fürchtet euch vor euch selbst, ist es nicht so? Wer Angst vor *dem Fremden* hat, hat in Wirklichkeit Angst davor, gesehen zu werden.

Eines der Mädchen trat in den Raum, setzte sich hinter eine der Maschinen und begann ratternd zu nähen.

Wenn du wiederkommst, erzähle ich dir mehr, sagte Amina, ich muss jetzt arbeiten. Sie stand auf und zog sich im Stehen das Tuch etwas enger um die Hüften, steckte es fest. Dann verschwand sie in Richtung Hof.

Ich hörte die Stimme eines Kindes, dazu Bellen, und trat auf der anderen Seite ins Sonnenlicht, das mich für kurze Zeit blind werden ließ.

Für eine Weile lief ich planlos durch die Stadt.

Ich will, dass die Leute meine Geschichte kennen, aber ich habe immer Angst, hinter ihr zu verschwinden.

Als wäre die Geschichte eine Maske, die der Person keine Möglichkeit für einen abweichenden Ausdruck gab, sie darunter einschloss. Ein Ding also, das sie flach und eindimensional werden ließ. Während ich zurück in Richtung Markt lief, grüßten mich die Passant*innen, manche wollten sich unterhalten, aber ich winkte ab.

Zu Beginn hatte ich den Eindruck gehabt, jemand hätte mir mit der Ankunft ein lächerliches Kostüm übergestülpt, aber je länger ich mich hier bewegte, desto wahrscheinlicher schien mir, dass jemand es mir ausgezogen hatte.

Es war nur ein Moment, der mir den Boden unter den Füßen wegzog; eine Sekunde, in der ich aus dem Bild verschwand, es von außen betrachtete, dann zurückkehrte.

Ich war schon bei der Kreuzung angelangt. Am Straßenrand waren Wassermelonen zu Bergen aufgetürmt, die in der Dämmerung wie abgeschlagene Köpfe aussahen, daneben ein Körper. Er schien sich aufrichten zu wollen, sackte aber immer wieder, wie unter unsichtbaren Schlägen, in sich zusammen; erst nach einigen Augenblicken, während denen ich wie angewurzelt an einer Stelle stehen blieb, erkannte ich, dass es sich nicht um einen Körper, sondern eine Plane handelte, die sich im Fahrtwind der vorbeifahrenden Lastwagen aufbäumte, dann wieder zusammenfiel.

Benommen lief ich den Hang hinauf, und erst der Nachtwächter, der wie jeden Abend auf seinem Stein saß, eine Flasche mit selbst gebranntem Schnaps bei sich, gegen die Kälte, wie er sagte, aber auch für die Stimmung, holte mich mit seinem Gruß zurück.

AUSSICHT

Eines Nachmittags stieg ich auf den Hügel hinter dem Haus. Ich hatte beinahe jeden Tag seit meiner Ankunft darüber nachgedacht und mir die Aussicht ausgemalt, aber den Gang nie in die Tat umgesetzt. Heute war Sonntag, weit und breit waren keine Schüler*innen zu sehen und schon bald würde die Dunkelheit hereinbrechen. Die rote Straße war von den unzähligen Schritten der Schüler*innen befestigt, zu beiden Seiten wuchsen Farne und dahinter einzelne Palmen. Nach etwa der Hälfte des Weges veränderte sich die Vegetation; unter meinen Füßen knisterte Laub. Rechts und links schoss ein Mischwald in die Höhe. Von den Baumstämmen platzte die Rinde und hinterließ eine Maserung. Ich spürte den Anstieg als Brennen erst in den Waden, dann im Hintern. Durch die Blätter fiel Licht und färbte alles orange. Schließlich erblickte ich die alte Kolonialvilla, zweigeschossig, mitten im Unterholz. Der Bibliothekar hatte mir erzählt, dass der Berg keinen natürlichen Ursprung hatte, sondern von den deutschen Kolonialist*innen geplant und von Zwangsarbeiter*innen aufgeschüttet worden war. Er trug den Namen *Berg des unbedingten Gehorsams*. Hier, am höchsten Punkt der Landschaft, hatte die Administration gewohnt. Eine Treppe aus Holz führte in das obere Stockwerk, aber die Sprossen waren morsch, die unteren Absätze ganz herausgebrochen. Es sah aus, als hätte jemand wieder und wieder versucht, nach oben zu gelangen, und als wäre dieser jemand am Ende kläglich gescheitert. Aus dem Gemäuer bröckelte Putz. Wahrscheinlich war es über die Jahre feucht geworden. Ich lief einmal um das Haus herum. Im Unterholz verteilt lagen einzelne Scherben, Flaschenhälse, zerdrückte Coladosen und Plastikfetzen. Sonst gab es keine Spuren, die auf eine Nutzung hindeuteten.

Ganz oben angekommen, war die Aussicht enttäuschend; der Wald war so dicht, dass man kaum etwas von der Stadt sah.

Was hatte ich erwartet?

Das Problem, hatte Neda bei unserem letzten Streit gesagt, ist nicht dein Standpunkt, Ellen. Das Problem ist, dass du glaubst, du hättest gar keinen. Aber das gibt es nicht, verstehst du. Sie hatte ihren violetten Stoffbeutel vom Boden aufgehoben, den sie schon die gesamte Studienzeit mit sich herumschleppte, und die Wohnung verlassen. Es war unsere Wohnung gewesen, solange ich dort gelebt hatte.

Kein Türenknallen, kein Schreien.

Nicht mal laute Schritte. Stattdessen fiel die Tür von allein sachte ins Schloss. Klack. Vom Fenster sah ich zu, wie sie die Straße überquerte; sie wartete, bis kein Auto zu sehen war, und lief dann geradeaus, ohne den Kopf nach rechts oder links zu drehen, als gäbe es nur diesen einen Weg für sie. Erst in diesem Moment fragte ich mich, was sie in ihrem Beutel herumtrug, der immer voller Zeug war, egal, wohin wir gingen.

Ich wartete, dass sie wiederkam, und wenn ich ehrlich war, tat ich das immer noch. Es war Abend geworden, Wolken waren aufgezogen, und es hatte begonnen zu nieseln. Ich war nach dem Streit eine Runde um den Block gelaufen, hatte mich an einen der wenig einladenden Tische des Backshops gegenüber unserem Haus gesetzt und einen dünnen Filterkaffee getrunken. Zu meinen Füßen bildeten sich immer größere Pfützen. Ich blieb so lange dort sitzen, bis die Verkäuferin hinter der Theke hervorkam und sich mit verschränkten Armen in den Eingang des Ladens stellte. Alles an ihrem Körper schien zu fragen: Wie um alles in der Welt bist du hierhergekommen?

Trotzdem blieb ich sitzen.

Vielleicht, weil ich glaubte, Neda könnte nur zurückkommen, wenn ich nicht dort oben wäre. Von einem gemeinsamen Freund hörte ich schließlich, dass Neda zu ihrer Mutter gezogen war – fürs Erste. Über den Bekannten ließ sie außerdem ausrichten, dass sie noch den nächsten Monat Miete bezahlen würde und hoffte, dass ich bis dahin eine*n neue*n Mitbewohner*in gefunden hätte.

Aber ich suchte nicht, ich wartete.

Schließlich überließ ich die Wohnung einem Bekannten, ich leerte ein paar Schubladen der Kommode, ließ

Obst und Marmelade im Kühlschrank zurück und fuhr im Morgengrauen zum Flughafen.

Die Dunkelheit kam plötzlich, wie jeden Abend. Etwas zu eilig stieg ich jetzt noch immer in Gedanken den Abhang hinunter. Dabei konzentrierte ich mich auf die Füße, um nicht auf den kleinen Steinchen auszurutschen. Vielleicht sah ich den Mann deshalb nicht kommen. Er schob sein Fahrrad den Hang hinauf und stand bereits fast vor mir. Wir grüßten uns nickend und der Mann blieb stehen.

Warum gehst du nicht an dein Handy, fragte er auf Französisch.

Ich schüttelte fragend den Kopf. Ich hatte den Mann noch nie gesehen.

Du erinnerst dich nicht? Er schnalzte abschätzig mit der Zunge.

Sie müssen mich verwechseln, hilflos zuckte ich mit den Achseln.

Ich habe dir meine Geschichte erzählt, und du hast versprochen, mir im Gegenzug zu helfen.

Es tut mir leid, ich weiß wirklich nicht, wovon Sie sprechen.

Vielleicht meinte er meine Vorgängerin? Ich sah an mir hinunter. Immerhin trug ich ihre Bluse um die Hüfte geknotet.

Du hast es mir versprochen, wiederholte der Mann ruhig. Erinnerst du dich nicht?

Tut mir leid, wirklich.

Ich wartete, was jetzt folgte, aber es folgte nichts. Wir standen uns gegenüber und musterten uns. In der Ferne sah ich schon die blauen Lichter der Gasflammen an der Kreuzung, über denen Frauen am Straßenrand Essen zubereiteten.

Was hat sie versprochen, fragte ich schließlich.

Der Mann senkte den Blick, er sagte, du hast versprochen, mir ein E-Mail-Konto einzurichten.

ZIEGEN

Die Ziegen waren auf einmal überall. Ich dachte an Erika, die Ziege der Freiwilligen, und an die Juan-Fernández-Ziegen von Crusoe. Am Dienstag war es noch ein einzelnes mageres Exemplar, das im Schatten eines einfachen Wohnhauses graste. Es war klein, die Rippen traten deutlich hervor. An der fensterlosen, dottergelb gestrichenen Wand dahinter klebte das gewellte und von der Sonne ausgeblichene Gesicht des Präsidenten. Ein Ausdruck der Zuversicht, das Lachen nur angedeutet. Vom Bibliothekar wusste ich, dass dieser Präsident einer der Söhne des vorigen Präsidenten war, der das Land unter eine Militärdiktatur gezwungen hatte. Während eines Interviews hatte ich erfahren, dass dies einer der Gründe war, warum viele Menschen das Land verlassen hatten.

Heute war Togo offiziell eine Demokratie, aber niemand, den ich fragte, zweifelte daran, dass die Wahlergebnisse gefälscht waren. Am Rande der Stadt hatte ich eine Frau getroffen. Ich erinnere mich nicht mehr, was ich dort tat, wie wir ins Gespräch fanden, aber sie war es, die sagte, er würde so oder so gewinnen, sooft er wolle, und im Zweifelsfall nehme sie dann doch lieber den Sack

Reis, der an jeden verteilt wurde, der ihm seine Stimme gab. Anstatt leer auszugehen und trotzdem mit diesem Mann an der Macht gestraft zu werden. Ob ich wüsste, wer den Reis bezahlte, fragte die Frau dann. Ich wusste es nicht.

Sie war klein und muskulös, zu ihren Füßen sortierte sie etwas, das für mich nach einem Stapel Geröll aussah.

Der französische Staat, sagte sie. Der französische Staat bezahlte den Reis, mit dem sie bestochen wurden, um diesen Mann zu wählen, der seine Bürger*innen unterdrückte, was im Grunde bedeutete, dass es der französische Staat selbst war, der bis heute seine Hand über das Land hielt, seine Politik und Wirtschaft lenkte, es letztlich im Keim erstickte, ohne sich selbst die Hände dreckig zu machen.

Am Abend fiel mir in der Bibliothek das *Tagebuch einer Expedition von Dakar nach Djibouti 1931 – 1933* des französischen Schriftstellers und Ethnologen Michel Leiris in die Hände. Dort tauchte die Ziege als Maskottchen auf. Sie war an Bord der Saint-Firmin dabei und musste während der langen Perioden auf See die Matrosen und Forschungsreisenden bei Laune halten.

Wenn der Ziegenbock geil wurde, beschrieb Leiris, biss er sich selbst ins Glied, bis er kam und spritzte. Die Schiffsbesatzung stand drum herum, johlte und feuerte das Tier an.

Leiris stammte aus dem Kreis der Surrealisten um André Breton. Seiner Reise ging eine persönliche Krise voraus. Der europäische Kontinent, auch das tauchte immer wieder in den Aufzeichnungen auf, steckte ebenfalls in einer Krise, der Leiris versucht hatte zu entfliehen. Folgte man seinen Einträgen, changierte Leiris' Gemütszustand zwischen Nervosität, Depression, Manie und schrecklicher Langeweile. Als Archivar und Sekretär der Expedition sah er sich bald als ein erhaltendes Teil der kolonialen Ordnung, die er eigentlich kritisieren wollte.

Nach einem Ausflug in zwei der Bars von Dakar – die eine gefüllt mit einheimischen Menschen, die ihr Leben mit den *w*eißen Matrosen wie ihm verdienten, die andere mit den *w*eißen Konsuln selbst – kehrte er enttäuscht in die Ledigenherberge zurück.

Vor dem Zubettgehen, hieß es da lapidar, *einen Tausendfüßler erschlagen.*

Nur einen Tag später, dann mit einer ungewissen Erleichterung:

Jetzt endlich liebe ich Afrika.

–

Ich hatte meiner Mutter zu ihrer Herkunft nie viele Fragen gestellt. Erst allmählich, etwa ein Jahr vor meiner Reise, fing ich an, über ihre Familie nachzudenken. Ein Auslöser dafür war der Brief gewesen. Er hatte uns kurz vor Weihnachten erreicht und enthielt die Nachricht über den Tod meines Onkels Lutz, der zu diesem Zeitpunkt bereits einige Monate zurückgelegen hatte, zusammen mit Fotos, für die seine Frau keine Verwendung gefunden hatte. Sie zeigten das Leben meines Onkels lange vor ihrer gemeinsamen Zeit. Seine Frau schrieb aus der Schweiz an meine Mutter, Lutz habe sich eine Beisetzung nur im engsten Kreis gewünscht. Offenbar zählten wir nicht dazu. Eines der Fotos zeigte meinen Onkel als jungen Mann – er war gerade mal Anfang zwanzig –, wie er auf einem Steinplateau saß und eine Brotzeit hielt. Neben ihm ein Messer, dunkle Glasflaschen gefüllt mit Limonade oder Bier und eine Büchse, vielleicht Dosenfleisch. Seine Füße waren aufgestellt, die Beine lässig angezogen, er hatte die Unterarme auf die Knie gelegt und hielt sein linkes Handgelenk fest. Um seinen Mund spielte ein Lächeln.

Wen lächelte er an? Oder war das Foto mit Hilfe des Selbstauslösers entstanden?

Rechts und links von ihm saß jeweils ein weiterer Mann, der eine mit Tropenhut und einer Sonnenbrille, dazu ein kurzärmeliges Hemd, Shorts und Lederschuhe. Zur anderen Seite einer, dem sich die Locke widerspenstig in die Stirn drehte. Er trug als Einziger Socken und Ledersandalen, was neben den anderen wie ein avantgardistisches Modestatement wirkte. Insgesamt hätten diese Boys auch in einem hippen Café in Berlin-Neukölln sitzen können, in New York oder in einem italienischen Badeort. Im Hintergrund wuchsen allerdings Palmen, weiter unten schäumten Farne durchs Bild. Alle drei strotzten nur so vor Jugendlichkeit, aber mein Onkel, der im Zentrum saß – im Zentrum des Bildes, der Gruppe, des Universums –, war von umwerfender Vitalität. Bei so einem Strahlen konnte man leicht auf die Idee kommen, er habe es leicht gehabt.

Was nicht der Fall war, sagte meine Mutter. Unser Vater hatte sich im Schleichhandel versucht, Kohle gepresst, sie gestreckt und war erwischt worden. Er saß dafür ein. Sobald er den sowjetischen Sektor verlassen hatte, waren allerdings die im Westen hinter ihm her gewesen. Wieder musste er sitzen. Lutz kam im Flüchtlingslager zur Welt. Als sein Vater aus der Haft kam, schließlich der Umzug an die Mosel. Kleine Wohnung, greifbarer Wohlstand, fahles Glück.

Der Kohlestaub blieb an ihnen haften wie hartnäckiger Husten im Winter. Immer wieder stellte sich der Vater auf die Beine, investierte, scheiterte. *Du und deine krummen Geschäfte.* Manchmal war da mehr Hass als Liebe in der Ehe, erzählte meine Mutter. Enttäuschung. Umzug weiter raus aufs Land, kleinere Wohnung, Hühner nebenan, die alte Frau mit den im Krieg versehrten Händen. Meine Mutter verbrachte viel Zeit bei ihr.

Mein Bruder hat darunter gelitten, kein Abitur gemacht zu haben – ein Leben lang, und gleichzeitig, sagte meine Mutter, erfüllte es ihn mit solidem Stolz, dass er es trotz der schwierigen Bedingungen so weit gebracht hatte. Am Ende war er Manager bei einem internationalen Konzern mit Firmensitz in der Schweiz. Er besaß mehrere Autos, ein großes Haus. Angestellte.

War er zufrieden? Wer wusste das schon, vermutlich nicht mal er selbst. Am Wochenende fuhr er Ski oder nach Zürich. Als junge Frau, sagte meine Mutter, hatte sie manchmal versucht, sich sein Leben auszumalen. Sie blätterte durch Illustrierte, reimte sich etwas aus dem Fernsehen zusammen.

Sie hat ihn nie besucht.

Später kam er wieder zu Familienfeiern, auf einmal

massig geworden, als hätte er sich verdoppelt. Er brachte Geschenke mit, Toblerone für die Kinder, Kölnisch Wasser für die Mutter, aber er blieb verschlossen, in einem Panzer stecken.

Es hatte lange gedauert, bis sie sich zusammengereimt hatte, dass sein Arbeitsaufenthalt in Nigeria den Grundstein für seinen Wohlstand gelegt haben musste. Wenn man seine Geschichte als Roman erzählte, wäre dieser Aufenthalt womöglich der Wendepunkt. Das Ausland bot Möglichkeiten für jemanden wie ihn; Jungs, fast noch Kinder, die schnell nach oben wollten und dafür bereit waren, alles zurückzulassen. Wer Verträge über lange Zeit abschloss, sicherte sich einen Bonus. Damals wurden viele Ingenieure gesucht, auch Maschinenbauer. Ihr Bruder stieg als Kfz-Mechaniker rasch auf; zum ersten Mal in seinem jungen Leben konnte er Weisungen geben, den Chef spielen.

Ihr stiller, sanfter Bruder, dem sie mit den zuckrigen Schmalzgebäckhänden durch die Haare fahren durfte, während er sie auf den Schultern vom Markt nach Hause trug.

Sie habe seine Erzählungen von dort vollkommen verdrängt. Seine Vorurteile. Die Faulheit der Einheimischen, die schlechte Hygiene, Unverständliches. Dann wieder komplett schwärmerisch. Die Lebensfreude, das romantische Wilde, freie Sexualität, zurück an den Ursprung und so weiter und so fort.

Es gab eine Erinnerung, schmerzhaft genau, sagte meine Mutter. Wobei sie jetzt, im Sprechen, den Eindruck hatte, die Situation auf ein Neues zu erfinden, das Böse heraufzubeschwören. Es herauszufordern. Diese Geschichte zu erzählen schien ihr nicht ganz richtig, die Wiederholung einer Wiederholung, die die Wahrheit immer weiter verrückt, trotzdem war sie eventuell wichtig, um zu verstehen, wieso ihr Bruder wenige Wochen nach ebenjenem Vorfall ausgezogen war. Sie zurückließ. Denn so hatte sie es als Mädchen empfunden. Sie habe in ihren alten Tagebüchern gesucht und tatsächlich einen Eintrag gefunden. Er bezeichnete den Tag, an dem der Bruder auszog, pathetisch als *Unheil*. Dem vorausgegangen war ein Abendessen. Es ging um ein Mädchen, eine junge Frau. Ihr Bruder erzählte nicht ohne Stolz, wie er sich – so sagte er selbst – ihren Respekt vor ihm verschafft hatte. Wie die Mädchen es doch selbst wollten, gar keine Frage. Nur war es in der Fabrik irgendwann zu einem Konflikt mit den Arbeitern gekommen, weil die einheimischen Väter und Ehemänner ihre Arbeit niederlegten und streikten, sollten ihre Frauen nicht besser vor den Übergriffen der *W*eißen geschützt sein. Irgendwann sei das Mädchen verschwunden, erzählte er weiter, er habe nicht gewusst, wohin, und als sie zurückkehrte, trug sie einen Säugling im Arm.

Ihr Bruder habe gelacht, während er davon erzählte, als sei ihm die Erzählung eines Witzes besonders gut gelungen. Er habe sich noch einen vollen Löffel in den Mund geschoben. Leberknödel, er habe das vermisst, sagte er.

Und dass er nicht sicher sein könne, dass das Kind von

ihm stamme, wie sie behauptete. Schließlich habe sie es mit allen getrieben.

Das Essen musste mittlerweile kalt geworden sein, es war still am Tisch. Alle bis auf ihn hatten bereits aufgegessen.

Und während er noch grinste, die Suppe in sich hineinlöffelte, sah der Vater ihn an, weniger verächtlich als tieftraurig. Langsam rutschte er auf seinem Stuhl nach hinten, erhob sich.

Ich will, dass du gehst.

Und ihr Bruder ging und kam tatsächlich nicht zurück. Vielleicht, sagte meine Mutter, sei es so gewesen, wahrscheinlicher, dass sich alles ganz anders abgespielt habe. Wie so oft mochte diese Erinnerung viele einzelne zusammenfassen, in einer Szene, die sie nachträglich für sich entschlüsselt hatte.

DISZIPLIN

Als ich gegen Mittag von einem Interview zurückkehrte, hatte sich der Bibliothekar in eines der hinteren Zimmer auf eine Matte zurückgezogen und döste. Jeweils für zwei Stunden am Tag schlossen wir die Türen.

Ich setzte mich an den großen Tisch und transkribierte das Gespräch, das ich am Vormittag geführt hatte, aber es fiel mir schwer, der Stimme zu folgen. Immer wieder staunte ich über ein Geräusch, das klang, als würde jemand viel Luft ausstoßen; teilweise war es so laut, dass ich mir Mühe geben musste, den Sprecher zu verstehen. Erst nach einer Weile dämmerte mir, dass das Geräusch von mir selbst ausging, es war mein eigenes Atmen, das ich mit aufgezeichnet hatte; ich ärgerte mich.

Eine Unachtsamkeit, ein Anfänger*innenfehler. Als ich den Laptop schloss und die Stöpsel aus den Ohren zog, stand der Bibliothekar hinter mir, er rieb sich verschlafen die Stirn.

Wie war dein Tag, fragte er.

Gut, sagte ich. Ich war oben, bei der Schule. Beim Gymnasium.

Er nickte. Hast du Herrn Azamede gefunden?

Ich bejahte. Der Geschichtslehrer, erzählte ich, hatte mir ein sehr altes Exemplar eines Geschichtsbuches gezeigt, das allerdings so von Termiten malträtiert worden war, dass man es nicht aufschlagen konnte, ohne dass es zu Staub zerfallen wäre. Dennoch war das Treffen sehr aufschlussreich gewesen. Herr Azamede hatte mir von seiner Ausbildung an der Universität in Lomé erzählt und davon, wie sich die Inhalte der Schulmaterialien seit kurzem änderten. War die Darstellung der Kolonisation positiv gewesen, änderte sich das nun. Aber immer noch viel zu langsam. Kein Wunder, da viele der Bücher von den ehemaligen Kolonialmächten selbst hergestellt wurden. Diese Darstellung zu korrigieren wäre gleichbedeutend mit einem Schuldeingeständnis, hatte Herr Azamede gesagt, wobei eine *Ent-schuldigung* mit Reparationszahlungen einhergehen müsse.

Der Bibliothekar nickte. Es freut mich, dass ihr euch verstanden habt, sagte er.

Er zog einen Stuhl zu sich heran, stieg darauf und sortierte in der obersten Reihe die Bücher. Jemand hatte ein Exemplar halb herausgezogen, es sich dann aber vermutlich anders überlegt.

Ich selbst hatte in der Schule nichts über die Kolonialmacht Deutschland gelernt, fuhr ich fort. Das Einzige, woran ich mich erinnerte, war der *Platz an der Sonne*. Hingegen hatte ich noch nie von Gustav Nachtigal gehört.

Der Bibliothekar lachte leise auf, und als er merkte, dass ich nicht scherzte, hielt er inne.

Jedes Kind kennt Nachtigal, sagte er. Weißt du, dass die Errichtung einer Kolonie hier eigentlich reiner Zufall war? Oder eher Frust. Die Nachtigal-Mission sollte Land in Guinea gewinnen, das war ihre Aufgabe gewesen, und sie war gescheitert. Danach musste einfach möglichst schnell eine Flagge gehisst werden, egal wo, egal wie. Ohne Vorbereitung und ohne Mandat. Dieser Trost war Lomé.

Wirklich erstaunt, sagte ich nach einer Weile, war ich von dem Tor, das den Eingang zum Schulhof bildet.

Der Bibliothekar wandte mir sein Gesicht zu, aber er stieg nicht vom Stuhl.

Es war aus Eisen und im oberen Teil hatte das Wort DISZIPLIN gestanden.

Ja, sagte der Bibliothekar ungeduldig, ich kenne das Tor. Es steht da auf Deutsch, es ist ja auch das Deutsche Gymnasium.

Dabei sei mir unmittelbar ein Bild erschienen, sagte ich, von dem ich gar nicht gewusst hatte, dass es irgendwo in meinem Gedächtnis gespeichert gewesen sei. Ich war nur einmal in Sachsenhausen gewesen, aber das Tor mit der Inschrift ARBEIT MACHT FREI hatte sich wohl für immer festgesetzt. Bei dem Besuch des ehemaligen Konzentrationslagers war ich selbst Schülerin gewesen. Eine Stiftung hatte uns eingeladen, für die Reise waren vorab von unserem Geschichtslehrer vier Schülerinnen ausgewählt worden. Welche Kriterien genau bei der Auswahl eine Rolle gespielt hatten, wurde nicht offengelegt, aber ich vermutete heute, er wollte überdurchschnittlich strebsame und anpassungsfähige Schülerinnen mitnehmen, um sich eine Blamage vor der Stiftung zu ersparen. Mit uns gemeinsam war ein Überlebender im Bus gefahren, ein ehemaliger italienischer Zwangsarbeiter, Militärinternierte wurden sie genannt, der in der Nähe von Treuenbrietzen in einer Munitionsfabrik gearbeitet und das Massaker von 1945 kurz vor dem Eintreffen der Roten Armee überlebt hatte.

Es war ein merkwürdiger Nachmittag gewesen, warm, aber verhangen. Über allem lag ein Dunst, so dass die Landschaft unwirklich aussah. Immer wieder zog ein feiner Nieselregen über unsere unbedeckten Köpfe hinweg. Wir trugen Sommerkleider, kurze Hemden, nackte Beine. Niemand hatte uns wirklich vorbereitet. In Gegenwart des Überlebenden waren wir befangen. Waren wir außer Sichtweite, alberten wir herum. Der Italiener, ein vom hohen Alter gekrümmter, aber immer noch sehr attraktiver Mann, wirkte gefasst. Auf dem Weg blieb er mehrmals stehen, betrachtete eine Buche. Oder zeigte auf einen Vogel. Er scherzte mit seiner viel jüngeren Partnerin, die ihn begleitete und uns frisches Obst anbot; reife Erdbeeren. Auch er leckte sich den Saft von den Fingern.

Immer wieder versuchte der Fotograf, der von der Stiftung mit der Dokumentation für den Jahresbericht beauftragt worden war und sich hinter einer schmalen Sonnenbrille versteckte, uns zusammenzutreiben, aber wie zufällig stoben wir immer wieder auseinander. Schließlich arrangierte er uns vor diesem Tor und fragte, ob wir den Italiener nicht stützten könnten; eine Schülerin rechts, die andere links, aber da griff die Frau ein, sagte basta, das reicht jetzt, und dass ihr Mann diese Art Bilder nicht mochte.

Heute fragte ich mich, was wir von einem Opfer erwarteten, was von den Nachkommen der Täter*innen? Ab wann ist man bereit, ein Opfer als solches anzuerkennen? Wie hat es sich zu verhalten, damit man ihm glaubt? Und was sagt das über die Täter*innen?

Man hatte uns im Vorfeld darüber informiert, dass der Überlebende zum ersten Mal seit seiner Flucht zurückkehrte an jenen Ort, an dem er beinahe ermordet worden wäre – nach über fünfzig Jahren.

Als die Maschinengewehre nach über einer Stunde verstummten, erzählte der alte Mann bei der Gedenkveranstaltung, war es Nacht gewesen, und vier der Körper, die unter den Toten und Sterbenden lagen, überlebten. Er war einer davon. Wie durch ein Wunder. Sie lebten noch, als man in Hast Sand über sie breitete, den eigenen Körper gestreckt wie ein Brett, um der Last von oben standzuhalten.

Als wir die Fabrik hinter uns ließen, wo er als Zwangsarbeiter gemeinsam mit polnischen Gefangenen Munition hergestellt hatte, und uns den Gräbern näherten, änderte sich seine Haltung. Er stützte sich auf den Arm seiner Frau, während wir hinter ihm herliefen. Es war, als trete aus seinem Körper ein anderer hervor. Oder anders, als ziehe sich der Mann in einen anderen, zweiten Körper zurück. Er selbst beschrieb, dass er an jenem Tag im April 1945 gestorben war; dieser Mann, der aufstand, nachdem die Deutschen die Flucht ergriffen hatten, starr vor Angst, und zurück in die Fabrik lief, mit den anderen Kreuze baute für die Toten, für jeden eines. Jener, der die Fotos und Briefe und Zeichnungen an sich nahm, um sie den Hinterbliebenen in Italien übergeben zu können, der einen Priester aufsuchte, um ihm zu erzählen, was passiert war, dieser Mann war ein anderer Mann. Ich habe zwei Geburtstage, sagte er. Und dass der Himmel eine graue Farbe hatte, so wie heute.

Jeden Namen las er laut, und er begann zu reden, Italienisch, mit jedem einzelnen. Immer wieder sagte er ihre Namen, griff dabei mit den Händen in die Luft, so dass in einem Moment die Toten durch seine Gegenwart wirklich anwesend zu sein schienen. Bis seine Frau ihn, der erschöpft auf die Knie gesunken war, aufforderte, zu gehen; es reicht, sagte sie, basta, Francesco, es ist jetzt genug.

Bei mir war das vage Gefühl des Voyeurismus zurückgeblieben. Trotzdem sei es bis heute das Ereignis, das mich nicht losließ, wenn ich an meine Schulzeit dächte.

Vergesst mich nicht, hatte der Überlebende gesagt, wir dürfen das hier niemals vergessen. Als ich am Vormittag durch das Tor beim Gymnasium getreten war, waren die Erinnerungen an diesen Tag mit unheimlicher Wucht zurückgekommen, als bewegte ich mich durch die Gegenwart einer Geschichte. Eine Geschichte, die lange vor dem 20. Jahrhundert begonnen hatte und die noch immer nicht beendet war.

Der Bibliothekar stieg vom Stuhl und wischte die braune Sitzfläche mit einem trockenen Lappen sauber. Seine Stirn lag in Falten.

Vor einem Jahr, erzählte er, habe es ein seltsames Ereignis gegeben. In beinahe jedem Herbst kam die Stiftermutter, eine bereits knapp siebzigjährige, rüstige Rentnerin mit ein oder zwei Mitarbeitenden der deutschen Organisation nach Togo, um nach dem Rechten zu sehen.

Hilda, unsere Mutter, la mère, wie sie von allen genannt wurde, war eine bemerkenswert tatkräftige Frau, klein, aber drahtig und voller sprudelnder Energie. Während die anderen Familienmitglieder, insbesondere ihre Kinder, immer seltener und schließlich irgendwann gar nicht mehr gekommen waren, zum Beispiel die Tochter, die einen Mann aus dieser Stadt geheiratet hatte, wodurch erst die Verbindung und die Idee einer NGO vor Ort entstanden waren, ließ sich ihr Besuch mit der typisch deutschen Verlässlichkeit vorhersagen. Dabei war ihr, der Stiftermutter, eventuell gar nicht klar, wie sehr sie alle in einen Ausnahmezustand versetzte, denn der Aufenthalt der Delegation, wie sie auch genannt wurde, musste peinlich genau geplant werden. Es musste einen Empfang geben, ein Fahrer wurde eigens für sie organisiert. Oft wurden zu diesem Anlass in einer nahegelegenen Schule oder einem Kindergarten Geschenke und Spenden aus Deutschland überreicht. Die Kinder studierten Tänze ein, Bestechungsgelder mussten gezahlt werden, damit die Güter warmherziger Menschen aus Europa rechtzeitig aus dem Hafen der Hauptstadt, wo sie seit Wochen im Zoll feststeckten, in den Norden geliefert wurden. Ganze Kalkulationen wurden neu geschrieben, andere Posten unter den Tisch gekehrt.

Immer geht es darum, abzusehen, was die Mutter erwarten könnte, und es ihr als ihre eigenen Ideen zu präsentieren. Dass diese Realität wenig mit unserer täglichen Arbeit zu tun hat, liegt auf der Hand. Dabei geht es nicht darum, sie zu betrügen, das darfst du nicht glauben, sagte der Bibliothekar jetzt ernst. Vielmehr müssen wir sie in diesen zwei Wochen zufriedenstellen, um den Rest des Jahres in Ruhe unsere Arbeit tun zu können. Jedenfalls lief alles nach Plan, die Mutter war glücklich, wir fuhren mit ihr in ein Waisenheim, das sie mitfinanziert hatte. Die Kinder tanzten, sie machte Fotos für ihren Bericht. Eines der Kinder setzte sich sogar auf ihren Schoß. Sie sprühte vor Freude, sagte: Was für ein Goldkind. Als wir allerdings im Gymnasium ankamen, änderte sich ihre Laune. Man hatte uns durch das Gebäude geführt, anschließend wurden in einem der Klassenzimmer Erfrischungsgetränke gereicht. Vielleicht war es ein Zufall, wahrscheinlicher aber ist, dass jemand es schlichtweg für passend gehalten und die Wünsche der Mutter falsch interpretiert hatte, das kommt vor. Sie empfand das überdimensionierte Porträt Adolf Hitlers an einer der Wände als heftigen Affront. Irritiert fragte sie, was man ihr damit wohl sagen wolle. Höflich erklärte einer der Mitarbeiter der Schule, dass jenes Porträt im Rahmen des Projekts »Große Männer der Geschichte« entstanden war, bei dem jedes Zimmer durch jeweils einen bedeutenden Kopf verziert worden war. Daraufhin verließ die Stiftermutter still den Raum, unten setzte sie sich ins Auto, schloss die Tür und war nicht mehr nach oben zu bewegen.

Ich erinnere mich, sagte der Bibliothekar, vor mir auf einem der Tische mit Bleistift einen Mini-Hitler gesehen zu haben. Eine*r der Schüler*innen musste während einer Unterrichtsstunde aus Langeweile das Wandgemälde abgezeichnet haben. Etwas schief, die Augen zu nah beieinander, eine Karikatur.

Interessant, sagte ich, dass die Stiftermutter nicht die

Tatsache erschreckt hatte, sondern vielmehr die Frage, was man ihr damit sagen wolle.

In diesem Moment ist ihr die Zuneigung, die sie hier erfährt, eventuell wie ein Betrug vorgekommen; jemand, der Adolf Hitler ein Gemälde schenkt, kann sie doch unmöglich verehren, oder anders: Ihre Verehrung wurde durch das Porträt Hitlers verunreinigt.

OPFERFEST

Schließlich klärte der Bibliothekar mich auf. Das islamische Opferfest stand direkt vor der Tür. Konnte man es sich leisten, schlachtete man ein Tier – eine Ziege, eine Kuh, ein Kalb. Das Fleisch wurde im Kreis der Familie, unter Nachbar*innen, aber auch mit den weniger Wohlhabenden geteilt, die Reste haltbar gemacht und über das Jahr verzehrt, wenn Gäst*innen kamen. Seit einigen Jahren, erklärte der Bibliothekar, wurden von einer muslimischen Organisation aus Deutschland außerdem Tiere gespendet. Familien aus Europa, die aus offensichtlichen Gründen selbst kein Tier schlachteten, konnten es symbolisch trotzdem tun, indem sie dafür bezahlten.

Bis zum besagten Datum vermehrten sich die Tiere mit jedem Tag. Die Ziegen standen in Grüppchen, rupften die spärlichen Blätter von einem Baum, gingen auf die Knie, um die kurzen Grashalme an der Wurzel zu erwischen. Auf einem Platz lagen mehrere träge Kühe im Schatten, und für einen irritierenden Moment wirkte es, als wären sie die wahren Bewohner*innen dieser Stadt.

Das Fest wurde mit einer Zeremonie im Stadion eingeleitet. Von der Terrasse der Bibliothek, die für die Zeit der Feierlichkeiten geschlossen blieb, sah ich die Menschen vorbeiströmen. Sie trugen ihre besten Kleider, Frauen Perücken und schwere Parfüms, die Männer Pilotensonnenbrillen, dazu lange, reich mit Stickereien verzierte Boubous.

Der metallische Geruch des unter der Sonne geronnenen Blutes lag in der Luft, und noch Tage später war der Sand in den Gruben, in denen die Tiere ausgeblutet waren, bräunlich verfärbt. Ich empfand kein Mitleid; das war etwas, was mich wirklich überraschte. Mein Leben lang hatte ich Fleisch gegessen, ausgenommen einer kurzen Periode während eines Aufenthaltsstipendiums, was für mich Grund genug gewesen war, den Schlachtungen nicht explizit aus dem Weg zu gehen. War es nicht konsequent, dem sterbenden Tier in die Augen zu sehen, von dem man essen würde?

Während eines Spaziergangs hatte ich die Kühe und Ziegen registriert, auch Schafe, die an Vorder- und Hinterbeinen zusammengebunden am Boden lagen, dabei aber an die Fleischfabriken am Rande der europäischen Städte gedacht, in die niemand Einlass hatte.

Drei Monate hatte ich damals in einem westdeutschen Künstler*innendorf gelebt, das im Wesentlichen aus einem Hof und mehreren daran angrenzenden neugebauten Studios für die bildenden Künstler*innen bestand, an einem Ort, in dem zufällig die größte Fleischfabrik Westeuropas stand. Meine offizielle Anfrage, eine der Fabriken zu besuchen, wurde ohne Begründung abgelehnt.

Man wolle eben keinen Ärger, hatte der Leiter des Künstler*innenhauses beschwichtigt.

An einem Dienstag sah man die Transporter mit den Schweinen durch den Ort fahren, durch die Luftschlitze konnte man sie sogar gedämpft hören, aber nie habe ich auch nur ein Tier gesehen. An Freitagen verließen die Kühltransporter die Stadt und verteilten das industriell verarbeitete Fleisch in alle Richtungen.

Ich erinnerte mich sehr genau an die Tage, in denen dieser spezifische Geruch über dem Ort lag; noch im Bett stieg in mir Übelkeit hoch. Man musste die Fenster geschlossen halten, erzählten sich die Stipendiat*innen, wenn sie sich mit einer Hand vor Mund und Nase an der Kaffeemaschine oder vor den Trocknern begegneten. Dieser Tag kehrte alle zwei Wochen wieder. Bisher war ich nicht sicher gewesen, was diesen Geruch verursachte, ob er überhaupt in einem Zusammenhang mit den Schlachthöfen stand, aber die Intensität, die sich in meinem Inneren einmal so eng mit der Fleischverarbeitung verbunden hatte, reichte aus, um mich in den kommenden Monaten vom Kühlregal fernzuhalten.

Am Ausgang des Ortes stand eine der größten Unterkünfte für Geflüchtete, das Heim, so nannten es die meisten der Stipendiat*innen. Es dauerte eine Weile, bis ich verstanden hatte, dass viele der Menschen, die ich für Asylsuchende gehalten hatte und die täglich vor dem Aldi auf dem Parkplatz saßen, eigentlich Saisonkräfte aus Rumänien waren, die in der Fleischfabrik angestellt waren. Einmal war ich mit dem Leiter des Künstler*innenhauses an einem verfallenden Bauernhaus am Ortseingang vorbeigefahren, und er hatte erzählt, dass die Arbeiter*innen aus der Fabrik zu horrend hohen Preisen dort einquartiert wurden. Sie schliefen zu zehnt in einem Raum, trotzdem ließ man sie von ihrem ohnehin mickrigen Lohn dafür zahlen. Der Rassismus im Ort war beständig, wobei ich selbst nur die Spitze des Eisbergs zu spüren bekam.

Alles habe sich binnen kürzester Zeit zugespitzt, erklärte der Leiter. Die Stadt, musste man wissen, war eine wohlhabende. Die Menschen hatten, was sie brauchten, sie waren sehr gläubig, die meisten katholisch. Es war eine Bürgerwehr entstanden. Zusätzlich wurden aus Münster mehr Polizeikräfte angefordert. Eine Aufzeichnung der Kriminalität, die die Alteingesessenen eingefordert hatten, zeigte rasch, dass der Großteil der Kriminaltaten weder von Saisonarbeiter*innen noch Asylsuchenden ausging, sondern von der Gemeinde selbst verübt wurde. Das wurde wiederum als ein weiteres Indiz dafür gelesen, dass der Polizei nicht zu trauen war.

Er selbst habe gehofft, mit dem Künstler*innenhaus in diesem verhärteten Konflikt irgendwo etwas beitragen zu können, aber ehrlich gesagt habe er den Glauben in die Kunst als positive Kraft in politischen Konflikten verloren. Die Künstler*innen, die sich mit dem Ort auseinandersetzten, waren wie schlecht verkleidete Außerirdische hereingeplatzt; er erinnerte sich an ein Kunstkollektiv, das sich als Aliens verkleidet vor das kleine Rathaus

103

stellte. Viel glänzende Stoffe und Alu und merkwürdige Apparaturen, ein rundes, halbes Ding wie ein Ufo. Solche Späße eben. Sie hofften, mit den Menschen im Ort ins Gespräch zu kommen über die inneren Dynamiken, den Hass, die Angst – eigentlich eine ethnographische Praxis, wie ihm die Künstler*innen erklärt hatten.

Naiv, irgendwie auch mutig, sagte der Leiter.

Tatsächlich fühlten sich aber sowohl die Alteingesessenen als auch die Asylsuchenden nicht ernst genommen und hatten die Außerirdischen schnell als Künstler*innen entlarvt. Über sie selbst hielten sich hartnäckig Geschichten. Menschen, die auf Kosten von Steuerzahler*innen herumlungerten, Drogen nahmen und seltsame Interventionen durchführten. Eine Performance-Künstlerin hatte einmal ein Stück Rasen auf einer der Verkehrsinseln abgezäunt. Auf allen vieren riss sie mit den Zähnen die Pflanzen und Gräser heraus, als wäre sie eine Ziege oder ein Schaf. Sie tat das so lang, bis sie um den Mund herum einen Ausschlag entwickelte. Wahrscheinlich aufgrund von Pestiziden in der Erde. Die Ärztin im Ort verschrieb ihr eine Salbe, aber sobald der Ausschlag abgeklungen war, kniete sie wieder im Gras. Vielleicht sei das Problem, dass die Künstler*innen nie Unbeteiligte waren, sagte der Leiter, auch wenn sie sich als solche ausgaben oder vielleicht sogar empfanden.

Ich hatte an Orson Welles und sein Kurzfilmprojekt in Brasilien mit dem Arbeitstitel *It's all true* gedacht, das nie fertiggestellt wurde. Erst vor kurzem hatte man einen Teil der Nitrofilme wiederentdeckt, die damals im Meer entsorgt worden waren. Nach einem Film über den Karneval in Rio war Welles auf einen Bericht in der Zeitung gestoßen. Dort wurde von vier einfachen Fischern erzählt, sogenannte Jangadeiros, die als eine Form des Protests gegen ein ausbeuterisches System auf einem einfachen Floß bis in die Hauptstadt segelten. Einundsechzig Tage waren sie Sonne, Wind und Wettern ausgesetzt. Wie durch ein Wunder überlebten sie Stürme und liefen schließlich als gefeierte Helden im Hafen von Rio ein, wo der Präsident sie empfing. Welles war fasziniert und suchte die Fischer in ihrem Dorf auf, um den Protest mit ihnen als Schauspielern zu re-enacten. Dabei war es zu einem schrecklichen Unfall gekommen. Eines der motorbetriebenen Boote, von dem aus gefilmt wurde, verursachte solche Wellen, dass Jacaré, einer der Helden, über Bord des Floßes ging und für immer verschwand. Welles beschrieb später, dass die Erfahrung in Brasilien seine Sicht auf das Filmemachen für immer verändert hatte.

Vielleicht hatte der Leiter recht, wenn er sagte, die Mehrheit der Künstler*innen sei arrogant, mit einem starken Einschlag ins Narzisstische, die über die Vorgärten und die tief empfundene Religiosität, die Windkrafträder und das platte Land die Nase rümpften.

Während er sich in Rage redete, betrachtete ich ihn eingehender. Er war ein unauffälliger Mann mittleren Alters, der immer etwas zerstreut und scheu wirkte und in seinem Büro zwischen alten Magazinen und Plattencovern versunken Papiere sortierte.

Trotzdem oder gerade deshalb hatte es mich nicht gewundert, als eine der Stipendiatinnen mir einige Zeit nach dem Gespräch anvertraut hatte, wie er eines Abends betrunken versucht hatte, sie zu küssen, nachdem er ihr eine weitere Förderung in Aussicht gestellt hatte.

–

Am Nachmittag des zweiten Tages der Festlichkeiten kamen die Töchter der Nachbar*innen, scheu klopften sie oben an die Tür und überreichten mir ein in rotes Plastik eingewickeltes Stück Fleisch. Es war groß wie ein Magen, und ich bedankte mich für die großzügige Geste. Ich fragte, ob sie ein Glas Wasser trinken wollten. Sie wechselten Blicke. Ich versuchte ihr Alter abzuschätzen, sie hatten schon Brüste, aber die Haare waren kurz geschnitten, was darauf hindeutete, dass sie noch zur Schule gingen. Schließlich nickte die Größere von ihnen, ich bat sie, auf der Terrasse am großen Tisch Platz zu nehmen, und ging hinein, um eisgekühltes Wasser und eine Papaya zu holen. Als ich zurückkam, standen beide nebeneinander am Geländer und starrten auf ihr Haus; sie hätten es noch nie von hier aus betrachtet, sagte die Größere. Auf einmal komme es ihr fremd vor, viel kleiner. Ihre Schwester rief etwas, vielleicht den Namen der Mutter, die im Hof die Hühner fütterte. Die Frau sah sich kurz nach beiden Seiten um, aber verschwand anschließend schnell ins Haus.

–

Es gibt einen Glauben daran, dass wir alles, was wir unserem Gegenüber antun, in Wirklichkeit auch immer uns selbst antun. Unter den Fotos, die die Frau meines Onkels geschickt hatte, es waren nicht viele, ein Dutzend vielleicht, war auch ein Bild meiner Ugroßmutter.

Es war das erste Foto, von dem ich mir dann wünschte, ich hätte es nicht gesehen, weil es sie auf diesen einen Ausschnitt, eine einzige Perspektive reduzierte. Nichts an diesem Gesicht war mir fremd. Die runde Nase, ihre lieben Augen, die schweren Lider. Die Haare sind vermutlich für diese Aufnahme von Heißwicklern in Form gebracht worden. Der Krieg war gerade vorbei. Sie hatte überlebt und wollte doch nicht mehr leben.

Über meine Urgroßmutter wusste ich lange nichts. Erst als mir das Foto in die Hände fiel, erinnerte ich mich wieder an Bruchstücke und fragte mich fortan, wie ich sie hatte vergessen können. Warum etwas so Wesentliches verlorengegangen war. Die Geschichte von einem Kind, das um 1900 mit seinem deutschen Vater von Panama nach Hamburg übersetzt, während Mutter und Geschwister zurückbleiben.

Warum er ausgerechnet sie auswählte, ist ungewiss, aber es hieß, sagte meine Mutter, als ich sie danach fragte, dass meine Urgroßmutter sein Lieblingskind war und, das fügte sie nach einer Pause hinzu, für ein Kind afropanamaischer Abstammung ungewöhnlich helle Haut hatte.

GEBURTSTAG

Der Freiwillige lud mich zu seinem Geburtstag ein. Ich müsse unbedingt kommen. Er wolle schließlich nicht allein feiern, schrieb er in seiner SMS. Das Ausrufezeichen dahinter wirkte verzweifelt. Ein paar Tage zuvor hatte ich ihn unten an der Kreuzung getroffen. Er saß vor einer Cola, hatte glasige Augen und erkannte mich zunächst nicht. Erst als ich ihm gegenübersaß, merkte ich, dass er ziemlich stoned war. In letzter Zeit ginge es ihm nicht besonders, redete er sofort drauflos. Er könne einfach nicht damit aufhören, zu glauben, dass ihm etwas Schreckliches passieren würde. Dieses Gefühl sei ihm nicht unbekannt. Vor ein paar Jahren, seine Schwester war gerade ausgezogen, sei er der festen Überzeugung gewesen, er sei krank. Sterbenskrank, um genau zu sein. Er habe sich in seinem Zimmer auf den Boden gelegt und gewartet, dass ihn jemand finden würde. Als auch nach über einer Stunde niemand gekommen war, habe er sich zur Apotheke geschleppt. Nichts Offensichtliches schien ihm zu fehlen, die Apothekerin, überfordert von der Situation, rief seine Mutter an, die ihn zu Hause ins Bett steckte. Das Herzrasen, die Hitze waren vorübergegangen, aber das Wissen darum, sich mit den eigenen Gedanken krank machen zu können, habe ihn weiterhin verfolgt. Obsessiv habe er dazu gelesen. Von Menschen, die sich einbildeten, Krebs zu haben, und die gleichen nachweisbaren Symptome entwickelten, ohne jedoch wirklich erkrankt zu sein. Ist das nicht wahnsinnig, sagte er mehr zu sich selbst und wiederholte sich dann. Das ist doch purer Wahnsinn.

Es war offensichtlich, dass er hier niemandem helfen konnte, sondern selbst dringend Hilfe brauchte. Im Internet hatte ich in Foren zu Panikattacken und Angststörungen gelesen, schließlich einen Artikel für Betroffene ausgedruckt. Das Papier hatte ich zweimal gefaltet und trug es jetzt zusammen mit einem kleinen ledernen Talisman, den ich auf dem Markt gekauft hatte, hinunter zur Kreuzung.

Als ich bei der Tankstelle ankam, schien mir das Geschenk allerdings unpassend. Bereits von weitem sah ich das kleine Grüppchen, das an einem der Bistrotische beisammensaß. Zu ihren Füßen ein Kasten mit Bier und Limonaden. Hinter der Tankstelle lag ein kleiner asphaltierter Platz, von brusthohen Mauern umgeben, der mit seinen Plastikstühlen als Bar diente. Außer ihnen war niemand dort. Die Zapfsäulen leuchteten unter dem grellen Licht, dahinter hielten die Laster und daneben, am Fahrbahnrand, lagen die Fahrer auf gerollten Tüchern und Decken und schliefen für ein paar Stunden, bevor sie die nächste Etappe nahmen. Der Geruch nach Benzin war so stark, dass ich ihn schmecken konnte.

Sofort sprang der Freiwillige auf, begrüßte mich wie

eine enge Freundin, was mir unangenehm war, und stellte mich nacheinander der Runde vor. Darunter waren zwei seiner einheimischen Kollegen aus dem Waisenheim, die Freiwillige, von der er mir erzählt hatte, und die Anthropologin. Sie lächelte und deutete müde auf den einzigen freien Platz neben sich.

Du wohnst in der Bibliothek, sagte sie, während sie mir fragend ein Bier hinhielt.

Ja. Ich nickte, antwortete, wie merkwürdig es sei, dass ich schon so viel von ihr gehört hatte, ihrer Studie, und nun saßen wir hier und begegneten uns zum ersten Mal.

Sie zog eine Augenbraue in die Höhe, deutete mit einem Mundwinkel ein Lächeln an. Schwer zu sagen, was ihr durch den Kopf ging.

Ach so? Was genau hast du gehört?

Ich ließ das Papier und den Talisman unauffällig in meine Hosentasche gleiten und setzte mich. Der Freiwillige wirkte gar nicht mehr verzweifelt und schien die Aufmerksamkeit der Gruppe zu genießen, also wandte ich mich der Anthropologin zu. Natürlich bestand die eigentliche Überraschung darin, dass sie nicht *weiß* war. Für mich zumindest. Sie wusste das, konnte es in meinem Gesicht lesen oder musste es noch nicht mal sehen, um davon zu wissen, schließlich sprach sie sogleich davon, wie sie – Fleur – mit dem Freiwilligen vor ein paar Wochen einen kurzen Trip zur beninischen Grenze gemacht habe. Obwohl sie hier als Europäerin galt, hatte sie doch einen feinen Unterschied wahrgenommen. Dem Freiwilligen waren die Menschen, die mit Tourist*innen vertraut waren, mit einer professionellen Freundlichkeit begegnet. Ein Scherz hier, ein Handschlag da. Bei ihr gingen sie hingegen automatisch davon aus, sie kenne das Land, ihr Land. Sie sei das Kind von einem Landsmann, was ihr stets einen Vorschuss an Vertrauen gab. Ihr sei das unangenehm, vor allem deshalb, weil es auf einer Falschannahme fußte. Ihr Vater kam aus Ghana, und selbst Ghana kannte sie kaum. Von Togo hatte sie erst recht keine Ahnung gehabt. Überhaupt war es die Arbeit gewesen, die sie hierhergeführt hatte, kein Heimweh, wie manche spekulierten. Heim, das war für sie Amsterdam, wo sie bei ihrer Mutter aufgewachsen war, ein gutes Stück entfernt von einer Schwarzen Community. Ihren Vater sah sie sporadisch, sie hatten ein gutes, aber kein enges Verhältnis. Manchmal trafen sie sich eine Weile gar nicht, dann wieder sehr regelmäßig einen Nachmittag pro Woche. Sie erinnerte sich gut und gerne daran, wie er an diesen Tagen für sie kochte. Immer gab es Foufou. Wenn gerade keine guten Yams zur Hand waren oder die Zeit drängte, nahm er Kartoffelbreipulver und dickte es mit Stärke an. Diaspora-Style, wie er es nannte. Oder auch Netherlands Foufou. Sehr erfinderisch, sagte sie, aber unmöglich zu verdauen.

Sie lachte auf. Ich nahm einen großen Schluck Bier. Die anderen am Tisch waren in ein scherzendes Gespräch über die Ziege Erika vertieft. Eine Weile lauschten wir ihnen, unsere Blicke wanderten über ihre vom Lachen heißen Gesichter, aber fanden keinen Halt. Schließlich kreuzte sich unser Blick erneut. Fleur lächelte wissend. Ich spürte den Wärmeschatten ihres Körpers auf meinem. Schließlich fragte ich, ob sie schon einmal in Ghana gewesen sei.

Mit vierzehn habe ich meinen Vater begleitet, sagte sie. Und dann später noch einmal mit Mitte zwanzig, da bin ich allein durchs Land gereist. Ich habe meine Mutter nie danach gefragt, aber ich glaubte schon damals, dass nicht mein Vater der Impulsgeber für die Reise gewesen war, sondern in Wirklichkeit sie, die ihren Mangel immer deutlicher spürte. Sie hielt es für eine gute Idee, dass ich diesen Teil meiner Identität erkunde, zu dem sie selbst als Weiße kaum Zugang hatte. Aber die Reise verlief anders als erhofft: Jedes Mal, wenn ich Englisch sprechen sollte, brach mir der kalte Schweiß aus. Zu jener Zeit aß ich außerdem kein Fleisch, und ich spürte deutlich die Scham meines Vaters gegenüber seiner Familie, für dieses seltsame und verwöhnte Kind, wenn ich eine Speise nach der anderen ablehnte.

Ich wollte nicht undankbar und abweisend erscheinen. An einem Abend schlug ich zu; steckte mir einen gegrillten Hähnchenschenkel in den Mund. Das Bratfett lief mir übers Kinn. Ich aß, als müsste ich beweisen, dass dies das Köstlichste war, was ich jemals gegessen hatte, und versuchte die Gedanken an das Tier zu unterdrücken, weshalb ich zu schnell aß, zu gierig und mich noch vor dem Schlafengehen in die Toilette übergab.

Mit einem Finger pulte Fleur an dem Etikett der Bierflasche herum.

Heute, sagte sie, esse ich Fleisch, aber Hühnchen bekomme ich nach wie vor nicht hinunter. Als wäre mir etwas von damals in der Kehle stecken geblieben.

An einem Tag, ich erinnere mich nicht mehr, ob es schon gegen Ende der Reise war, fuhr ich mit meinem Vater in einen entlegenen Teil der Stadt. Ich ging davon aus, dass ich dort einen der unzähligen Freunde meines Vaters treffen würde. Da ich nicht zu Hause bleiben wollte, wo ich hätte Englisch sprechen müssen, war es zur Gewohnheit geworden, dass ich ihn bei seinen Besuchen begleitete, eine Cola bekam und still in einer Ecke saß. An diesem Tag wies er mich an, nicht auszusteigen, stattdessen kam ein Mädchen, nur wenige Jahre jünger als ich selbst, aus einem Eingang gerannt. Mein Vater umarmte das Mädchen, das sich ihm stürmisch um den Hals legte und sein Gesicht mit Küssen bedeckte. Sie hatte kurze, geflochtene Zöpfe, die vom Kopf abstanden, sagte Fleur, und ein buntes Tuch um die Hüfte gewickelt. Seltsamerweise erinnere ich mich kaum an ihr Gesicht, nur an ihren Geruch, den Körper – vielleicht war es deshalb, weil ich mich kaum traute, diesen Menschen wirklich anzusehen? Das Mädchen musste unlängst gewusst haben, was ich gleich erfahren würde.

Mein Vater öffnete die Autotür, das Mädchen kletterte auf die Rückbank, rutschte dicht an mich heran und umarmte auch mich, lange und dringlich.

Fleur, das ist deine Schwester, sag hi.

Er sagte es beiläufig zu mir, als wäre es das Selbstverständlichste der Welt.

Sag hi.

Das Mädchen nahm meine Hand und ließ sie den ganzen Nachmittag über nicht mehr los. Wir fuhren an, die Hitze stand im Wagen, über das Radio rasselte 50 Cent seinen Hit herunter, der von jeder Ecke in Accra schallte. *Candyshop*. Wir machten einen Spaziergang an der Promenade, wo unser Vater uns saftige Ananasstückchen in einer Plastikschale und dick mit Zucker bestreute Krapfen kaufte. Wellen klatschten an den Strand. Ich erinnere mich sehr genau an die Anstrengung, die es kostete, mit Flip-Flops durch den trockenen Sand zu laufen, auch daran, dass meine Hände geklebt haben, vom Saft der Ananas, aber meine Schwester sie dennoch hielt. Wie es dunkel wurde und dann schlagartig alle Lichter angingen. Aber ich erinnere mich an kein einziges Wort, das zwischen uns gesprochen wurde – wurde überhaupt gesprochen? Beim Abschied mussten wir zumindest Nummern ausgetauscht haben, denn fortan erhielt ich Nachrichten und Anrufe.

Auch, als ich längst zurück in Holland war, sagte Fleur. Manchmal mehrmals am Tag. Es waren freundliche Anrufe, aber sie waren immer mit der Bitte um Geld verbunden. Sie sagte mir, ihre Mutter sei krank. Ein anderes Mal brauchte sie Geld für die Schule. Irgendwann habe ich es nicht mehr ausgehalten und mir eine neue Nummer besorgt. Und das war's.

Sie sah mich an, nicht traurig, aber auf eine Weise leer.

Du hast sie nie mehr gesehen?

Fleur schüttelte den Kopf. Irgendwann, viel später, habe ich noch mal an die Nummer geschrieben, dann angerufen, aber da hat sie nicht mehr funktioniert.

Fleur legte den Daumen über die Flaschenöffnung des Biers.

Das Absurde daran ist, dass ich mir immer eine Schwester gewünscht habe. Vielleicht habe ich mir sogar diese eine gewünscht, aber ich war so jung, komplett überfordert, wütend auf meinen Vater. War es nicht seine Verantwortung, für alle seine Kinder gleichermaßen zu sorgen?

Natürlich, sagte ich, hat er denn von den Anrufen gewusst?

Fleur hob die Schultern. Keine Ahnung, wahrscheinlich, oder? Ich habe sie wiedergesehen, im Traum. Oder vielmehr gespürt. Ihre Hand, die meine so festhält wie damals und nicht mehr loslässt. Ich habe mich bei ihr entschuldigt. Ich glaube, es ist okay.

Ich legte Fleur eine Hand auf den Arm.

Wir hatten die anderen komplett ausgeblendet, jetzt hob die Freiwillige ihre Bierflasche und sprach einen Toast aus.

Auf Benjamin!

Er hatte gerötete Wangen, war offensichtlich betrunken und verneigte sich zu allen Seiten mit glänzenden Augen. Wir stießen an, der Reihe nach. Erst Fleur, dann ich.

Und was ist das Thema deiner Arbeit, fragte Fleur, nachdem sich alle wieder ihren Gesprächspartner*innen zugewandt hatten.

Die Kohlensäure prickelte in meiner Kehle. Ich hatte zu schnell geschluckt, hustete das Kitzeln heraus.

Fleur legte mir die warme Hand auf den Rücken und klopfte sanft. Besser?

Danke, sagte ich. Ich mache Interviews zum Thema Fluchtursachen und Migration und wie die Rückstände der deutschen Kolonialherrschaft damit verbunden sind.

Das klingt interessant.

Ja.

Nicht?

Was?

Du klingst nicht gerade enthusiastisch.

Um ehrlich zu sein, bin ich spontan eingesprungen, sagte ich. Eigentlich sollte jemand anderes fahren. Er hat den Job allerdings hingeschmissen, als er hörte, dass die Studie vom Ministerium für Migration und Flucht in Auftrag gegeben wurde.

Das Geld muss von irgendwoher kommen, gab Fleur trocken zurück.

Das BAMF ist leider nicht dafür bekannt, gute Lösungen zu finden, sagte ich. Sie wollen die Menschen einfach schnell loswerden. Am besten sollen sie erst gar nicht nach Deutschland kommen. Ich fühle mich wie jemand ohne Prinzipien.

Fleur nickte, aber auf eine Weise, die mir zu verstehen gab, dass ich mich zu wichtig nahm.

Eines der Programme bietet den Menschen Geld dafür an, dass sie das Land ohne Asylverfahren schnellstmöglich wieder verlassen. Es *in Würde* verlassen, so heißt es in dem Imagefilm, ist das nicht grotesk? Das bedeutet im Umkehrschluss, dass sie anerkennen, dass alles andere würdelos ist. Mein Mund war ausgetrocknet, ich schwitzte. Versuchte ich sie davon zu überzeugen, dass ich ein Arschloch war?

Fleur zeigte sich weiter unbeeindruckt.

Nichts Neues, wenn du mich fragst. Ob man nun Studien für sie durchführt oder nicht.

Meine Freundin nennt mich eine Opportunistin.

Kann sie sich das leisten?

Kurz überlegte ich, es war das erste Mal, dass ich hier mit jemandem über den Konflikt mit Neda sprach. Und ich nickte. Ich sagte, ich kenne niemanden, der integrer ist als Neda, und fügte hinzu, genau genommen redet sie nicht mehr mit mir seit dieser Sache.

Autsch.

Diesmal hob ich die Schultern, trank einen Schluck Bier.

Vielleicht, sagte ich, wollte ich sie ja provozieren.

ZWEI

1

Es war ein sauberer Bruch, und wenn man dem Doktor im Krankenhaus Glauben schenkte, würde nicht mal eine Narbe zurückbleiben. Äußerlich betrachtet würde nichts auf den Unfall hindeuten. Die Schmerzen führte er auf eine Quetschung der Nerven zurück. Erst einmal musste der Schenkel abschwellen, sagte er, dann würde es schon besser werden.

Keine Sorge. In seinem Blick lag Mitgefühl. Vielleicht war es auch nur Mitleid.

Haben Sie hier denn jemanden, der Sie pflegen kann?

Auf der Fahrt ins Krankenhaus hatten sie Helene Fischer gehört. Der Hotelbesitzer hatte darauf bestanden, sie, seinen Gast, selbst ins Krankenhaus zu fahren, nachdem Ellen bleich in den Garten gekrochen war. Das Bein musste sie hinter sich herschleifen. Erst viel später war ihr die etymologische Nähe der Krankheit zur Kränkung aufgefallen. Nun saß sie auf der Rückbank, das Bein mit mehreren Gebetsbüchern hochgelagert.

Seit seiner Zeit in Heidelberg sei er ein glühender Anhänger des deutschen Schlagers, hatte der Hotelbesitzer

121

ihr munter erzählt. Er war dort als Reverend in die Ausbildung gegangen. Das Hotel sei nur ein Nebenverdienst.

Ihr habt uns Gott gebracht und ihn dann vergessen, sagte er, jetzt bringen wir ihn zu euch zurück.

An seinem Rückspiegel baumelte ein Rosenkranz. Das Silber war angelaufen. Ellen schloss die Augen und wünschte sich, sie könnte zu jemandem beten.

Auf der Hälfte der Strecke in den Norden wachte sie auf, um zu essen und zu trinken und dann weiterzuschlafen. Versuchte sie, nach der Erinnerung zu greifen, zerbrach sie in widersprüchliche Empfindungen. Als sie das nächste Mal die Augen aufschlug, sah sie in das besorgte Gesicht von Essofa, dem Bibliothekar.

2

Wenn sie gefragt wurde, wie es passiert war, sagte Ellen, sie sei gestürzt. Aber das war nur die halbe Wahrheit.

Am Straßenrand hatte eine Infotafel gestanden, unauffällig und mehrsprachig. Es wurde zu Vorsicht geraten. Dahinter die Maisstauden. Mit den Armen hatte sie die Pflanzen wie einen Vorhang geteilt. Sie suchte lange nach den Ruinen der Funkstation, zwei rostbraune Röhren, die Reste der Dampfturbinen, hatten schließlich im Gras gelegen. Auch durch die verwitterten Maschinenteile hatte sich Gestrüpp gefressen. Die Oberfläche bestand aus abgeplatzten Schichten. Sie kniete sich ins Gras und näherte sich mit dem Gesicht einer Luke. Mit Vorsicht, als könnte sie darin alles erwarten.

Nichts.

Sie kannte die historischen Postkartenmotive mit unzähligen Telegraphenmasten darauf, gehalten von Stahlseilen. Ein dicht gewebtes Spinnennetz.

Drei Jahre, hundertzwanzig Zwangsarbeiter und noch mehr Träger, die zu je einem Tageslohn von fünfzig Pfennig für Telefunken die Station errichtet hatten. Nur einen Monat nach Inbetriebnahme waren die Masten wieder gestürzt worden, die empfindliche Technik sorgfältig vernichtet, damit die Alliierten nichts damit anfangen konnten. Vierzehn Tage hatte der Zweite Weltkrieg in Togo gedauert. Die Leichen der Engländer, Franzosen und Deutschen hatte man der Einfachheit halber alle zusammen verscharrt. Für eine kurze Zeit hatte die drahtlose Telegrafie Kamina mit Windhoek und Nauen verbunden, die erstmals während des Krieges und Völkermordes an den Herero und Nama zum Einsatz kam. Seitdem lag das Zeug hier rum und vergammelte.

Ellen sah die Gestalten von weitem, klein, mit schmalen Hüften. Im Näherkommen erkannte sie zwei Kinder. Sie hatten in einem Maschinenteil gesessen, das entfernt an ein Panzerfahrzeug erinnerte. Als sie Ellen erblickten, hatten sie ihr Spiel unterbrochen. Der Junge, nicht älter als zwölf, vielleicht dreizehn, in kurzen Shorts, sprang von seinem Gefährt und blieb in sicherer Entfernung stehen.

Willst du die Antennen sehen, fragte er selbstbewusst.

Ja. Warum nicht. Gerne.

Der Schlafmangel machte sich bemerkbar. Ellens Augen juckten. Fachmännisch führte der Junge sie über das unebene Gelände, und sie war froh, ihm einfach folgen zu können.

Achtung, rief er, und zeigte auf Hindernisse am Boden. Wie viele lose Stunden er wohl hier verbracht hatte? Ob der Ort ihm ähnlich gespenstisch erschien? Wenn Ellen nicht schnell genug hinterherkam, blieb er stehen. Das Mädchen, eventuell seine jüngere Schwester, wich nicht von ihrer Seite und überwachte sorgsam jeden Schritt.

Antenne, rief sie eifrig, zeigte mit ausgestrecktem Finger darauf. Und da, Antenne. Hier auch: Antenne. Vor einem in den Boden eingelassenen Drehkreuz aus Metall blieben sie schließlich stehen.

Was ist das, fragte Ellen.

Der Bunker, antworteten sie im Chor.

Kann man das öffnen?

Nur die Deutschen können das. Die Franzosen haben es probiert, aber nicht geschafft. Da ist die Ausrüstung drin und die Bomben. Außerdem Geld, sagte der Junge, die Arme in die Hüfte gestemmt.

Ellen ging vor ihm in die Hocke, legte eine Hand an das Metall. Es war rau, von der Sonne gewärmt. Ein leichter Schauer jagte ihr den Rücken hinunter.

Ich glaube nicht, dass hier irgendwas versteckt ist, sagte sie, während ihre Hände weiter forschend über das Kreuz wanderten.

Dann hörte sie das Lachen und wie der Junge dem Mädchen etwas auf Ewe zurief. Als sie ihren Blick hob, liefen die beiden schon davon. Im Rennen griff das Mädchen nach seiner Hand und er hielt sie fest. Ihre wippenden Gestalten entfernten sich schnell. Zu schnell, als dass Ellen ihnen hätte folgen können.

Wartet, hatte sie gerufen. Die Kinder hatten sich nicht nach ihr umgesehen. Vermutlich war sie nicht die erste dumme Touristin gewesen. Eine Weile war Ellen ruhig der Richtung gefolgt, aus der sie gekommen waren. Doch als ihr auch nach bestimmt zehn Minuten nichts vertraut erschienen war, fragte sie sich, ob es überhaupt die richtige Richtung war. Erst jetzt stellte Ellen fest, dass sie ihre Wasserflasche beim Motorrad zurückgelassen hatte. Unter ihren Achseln bildeten sich dunkle Ringe. Sie konnte sich selbst riechen. Nur die Nerven behalten. Ruhig bleiben. Atmen. Ellen ließ sich auf den Boden fallen. Trockene Halme bohrten sich in ihre Handinnenflächen.

Was machte sie hier?

Sie schloss die Augen. Auf der Innenseite ihrer Lider explodierten helle Punkte.

Neda hatte recht gehabt. Je länger sie hier war, desto mehr stellte sie den Nutzen ihrer Arbeit in Frage. Die Zweifel machten sie fahrig, ihr unterliefen Fehler. Es wurden immer mehr.

Wer für das BAMF arbeitet, hatte Neda gesagt, legitimiert auch ihre Gesetze, die Abschiebungen, Grenzen. Diesen ganzen Scheiß. Ihr dürft überallhin, aber wer nach Deutschland darf, bestimmt immer noch ihr. Kein Wunder, dass mein Vater das im Kopf nicht ausgehalten hat.

Sie hatten nie wirklich über Nedas Vater gesprochen. Es war ihr vermessen vorgekommen, nach ihm zu fragen. Vielleicht hatte sie gehofft, Neda würde ihr irgendwann selbst davon erzählen, warum er nicht in Deutschland geblieben war.

Endlich hatte Ellen sich aufgerappelt. Sie war gerannt, das war die Wahrheit. Davongelaufen, den Blick ins Weite gerichtet. Deshalb hatte sie den unterirdischen Schacht nicht gesehen. Teile des Maschinenhauses. Der Sturz selbst war kurz und der Aufprall gänzlich schmerzlos. Die Decke des Gewölbes hing niedrig. Auf dem Boden lagen Fetzen einer roten Plastiktüte. Ellens Bein hatte sich seltsam verdreht, ruhte dort, abgespreizt vom Rest ihres Körpers, als gehörte es von nun an nicht mehr dazu.

Unmittelbar nach dem Sturz war sie wieder aufgestanden. Ein scharfes Ziehen ging vom Oberschenkel aus, aber weil sie stand, dachte sie, könne schließlich nichts gebrochen sein. Sie war durch die Felder gehumpelt, an der Straße wartete der Moto-Taxi-Fahrer auf sie, der sie abgesetzt hatte. Lustlos spielte er an seinem Handy. Er würde sie zurück in das Hotel bringen. Ihr war nicht klar, wie viel Zeit vergangen war, seit sie aus dem Loch gekrochen war.

Was ist mit deinem Fuß? Er deutete mit der freien Hand auf eine blutige Spur, vermutlich ein Tropfen, der sich aus einer Schramme am Knöchel gelöst hatte.

Ellen winkte ab. Nur ein Kratzer. Nicht der Rede wert.

Ich kann dich auch ins Krankenhaus bringen. Kein Problem. Langsam ließ er das Handy in seine Hosentasche gleiten.

Nicht nötig, erwiderte Ellen, wirklich.

Er hob eine Augenbraue, aber versuchte nicht weiter, sie umzustimmen. Umständlich war sie auf das Motorrad geklettert, hatte sich während der Fahrt an ihn geklammert, wenn ihr schwindelig wurde.

Erst in der Waagerechten hatte sie den Schmerz richtig wahrgenommen. Ellen hatte im Hotelbett gelegen, während über ihr der Ventilator feuchte Luft bewegt hatte. Wer anderen eine Grube. Tiefblau waren die Wände, mit einem Stich ins Grün. Fast wie unter Wasser. Und das

Problem ist nicht dein Standpunkt, Ellen. Solche Sätze brachen über sie herein. Die Übelkeit kam dann überraschend. Ellen hatte sich aufrichten wollen, aber der Schmerz hatte alle Funktionen in ihrem Körper ausgeschaltet, und es hatte gedauert, bis sie auf dem Hof angelangt war, obwohl es nur knapp zwanzig Meter waren.

3

Ein Abend im August, vorletztes Jahr. Neda hatte Ellen
zu sich nach Hause eingeladen, am Rande der Stadt. Ihr
Bruder Ario war dort gewesen, ihre Mutter hatte für sie
gekocht. Immer machte sie gefüllte Auberginen, wenn
Ellen kam, weil sie wusste, dass es ihr Lieblingsessen war.
Im Flur waren Ellen zum ersten Mal die Fotos aufgefallen. Gerahmt, hinter Glas, wie eine Kostbarkeit. Neda
und ihr Vater hatten denselben Ausdruck. Ihre Augenbrauen die exakt gleiche Form, ein gleichmäßiger Bogen,
links etwas höher als rechts. Auf einem der Bilder hielt er
Neda als Baby im Arm. Sein Blick traf Ellen unvorberei-
tet, er war voller Hingabe. Auf einem anderen Bild hielt
Neda eine Schultüte. Ihre Mutter hatte ihr einen Arm um
die Schulter gelegt, daneben Ario, beide herausgeputzt.
Plötzlich war die Badezimmertür aufgegangen, Ario hatte
hinter Ellen gestanden und war ihrem Blick interessiert
gefolgt.

Das war kurz nachdem Papa nach Kanada gegangen
ist, weil die Scheißglatzen ihn so verprügelt haben, dass
er im Krankenhaus lag, und selbst als er nicht mehr liegen musste, wollte er nicht mehr aufstehen. Nicht hier,

nicht in diesem Land, hat er gesagt. Mama wollte mit uns nachkommen, später. Na ja.

Ellen hatte sich erschrocken umgedreht, Ario sich die noch feuchten Hände an der Hose abgewischt.

Sie hat dir nichts erzählt? Sie redet nicht darüber, weißt du. Sie will kein Mitleid haben.

Ich verstehe nicht.

Unsere Mutter hat für alle gekämpft. Es war nicht seine Schuld. Aber sie hatte einfach nicht die Kraft, noch mal ganz von vorn anzufangen.

Dann war Ario zurück ins Wohnzimmer gegangen, zu den anderen, und hatte Ellen stehengelassen.

Später hatten Neda und Ellen satt und schläfrig auf einer Bank gehockt, neben dem Fußballkäfig, wenige Blocks entfernt. Ein paar Halbstarke hatten Bälle gegen den Zaun gekickt, so dass es schepperte. Einer hatte Neda beim Namen gerufen. Sie etwas aufgezogen. Vielleicht hatte er sich vor seinen Freunden wichtigtun wollen. Ich kenne ihn von früher, hatte Neda betont. Als wäre seitdem sehr viel Zeit vergangen. Aber eigentlich war es um viel mehr gegangen. Wie sich Nedas Sprache verändert hatte, ihre Kleidung und dass sie sich bei Ellen hatte dafür entschuldigen wollen, weil während des Essens der Fernseher gelaufen war. Das Bier war schal geworden, viel zu warm, aber es hatte Ellen nichts ausgemacht. Sie hatte die Sandalen von den Füßen gezogen, sie so auf die Bank gestellt und Neda einen Arm um die Schulter gelegt. Wo ihre Haut aufeinanderlag, schwitzten sie. Vielleicht war Ellen Neda danach nie wieder so nah gekommen.

4

Ein Anfang. Ellen suchte diesen einen Moment wie das lose Ende eines Fadens, das verlorengegangen war, kehrte immer wieder zum Sturz zurück.

Dabei gingen die wirklich großen Veränderungen fast immer mit kleinen, unmerklichen Verschiebungen der Realität einher.

Als sie nach der langen Busfahrt in den Süden ausgestiegen war, wo sie am nächsten Tag die Funkstation besichtigen wollte, und die junge Frau im Hotel ihr gelangweilt den Anmeldebogen über den Tresen geschoben hatte, damit sie ihren Namen eintrug, der plötzlich in ihren Gehirnwindungen nicht mehr aufzufinden gewesen war zum Beispiel.

Sie hatte das dringende Bedürfnis gehabt, jemandem davon zu erzählen und Nedas Nummer gewählt.

Du kennst das doch, wenn du an der Supermarktkasse stehst – lange Schlange hinter dir, Katastrophe! – und dann ist auf einmal die PIN weg, hatte Ellen gesagt. Und je verzweifelter du danach suchst, Neda, desto weiter bewegt sie sich in eine Ferne. Schwimmt davon. Unerreichbar. Futsch.

Dabei war es ganz und gar egal gewesen. Die Frau am Tresen hatte nicht nach offiziellen Dokumenten gefragt, ihr genügte Ellens *Weiß*sein, und sie hatte sich bereits wieder dem laufenden Fernseher in einer Ecke des Zimmers zugewandt.

Ihr Name. Ellens Herz war gestolpert. Dann hatte es doppelt so schnell weitergeschlagen.

Er war schließlich zurückgekommen. So hatte es sich angefühlt. Wie etwas, das sich zu ihr hin- und wieder wegbewegen konnte. Eine latente Panik war geblieben.

Neda war nicht rangegangen an diesem Abend, dafür aber war zum ersten Mal die Mailbox angesprungen.

5

Einmal legte sie sich ein leeres Glas zwischen die Beine, um nicht aufstehen zu müssen. Denn dafür brauchte sie eigentlich Hilfe, um die sie niemanden bitten wollte oder konnte.

Der Urin war an den Innenseiten der Oberschenkel heruntergelaufen, in den Po und wärmte die Matratze unter ihr. Es war nicht so unangenehm gewesen, wie sie es erwartet hatte.

Ein anderes Mal nahm sie das Glas zum Masturbieren. Das Kühle an ihrer Vulva fühlte sich gut an, überlagerte den Schmerz, das Jucken unter dem Verband.

Dir muss langweilig sein, sagte Essofa, aber Ellen schüttelte angestrengt den Kopf, zeigte auf die Bücher und das Aufnahmegerät auf dem Schreibtisch, das nicht mal mit den Kopfhörern verstöpselt war.

Die Lüge war mehr als offensichtlich.

Ich habe zu tun, beteuerte Ellen, dabei hatte sie bereits eine Mail an die Professorin geschickt, die ihr umgehend gute Besserung gewünscht hatte und dass sie sich wegen der Gelder keinen Kopf machen sollte. Erst mal gelte es, wieder ganz gesund zu werden.

6

Und dann verschwand Erika, die Ziege der Freiwilligen. Tagsüber pellte Ellen sich aus den Decken und stopfte sich ein Kissen in den Rücken. In ihrem Bein pochte es, heiß und dumpf war der Schmerz. Am Morgen hatte sie zwei der weißen Filmtabletten geschluckt, und am Nachmittag, kurz bevor Benjamin kam, noch mal eine.

Ihr Kopf war leicht. Sie lächelte.

Mit seiner rechten Hand knetete der Freiwillige den Hasen, der auf ihrem Bett gelegen hatte. Er war aus weißem Plüsch und hatte nur noch ein Auge. Das andere war irgendwann verlorengegangen. Sie erinnerte sich nicht, danach gesucht zu haben. Als er ihren Blick bemerkte, ließ er von dem Hasen ab. Sie hatte ihn aus Gewohnheit eingepackt, vielleicht auch Sentimentalität.

Wahrscheinlich, sagte Benjamin, hat Erika sich selbst befreit.

Er wirkte ernsthaft traurig darüber.

Es sah aus, als hätte sie den Strick aufgebissen, er biss mehrmals aufeinander, das Geräusch der klackenden Zähne zog Ellen den Magen zusammen.

Das Holz war an einer Stelle gesplittert, weiß wie Knochen. Jetzt läuft sie mit dem blöden Strick durch den Ort. Oder sie ist längst über alle Berge.

Er schaute Ellen fragend an, was denkst du?

Sie schluckte trocken; gibst du mir das Wasser? Es fiel ihr schwer, ihm zu folgen, das Ibuprofen machte ihre Gedanken langsam. Benjamin reichte ihr das halbvolle Glas vom Schreibtisch. Es schmeckte abgestanden. An den Rändern hatten sich die fettigen Abdrücke ihrer Finger zu einer kreisrunden Fläche gesammelt. Sie hatte sich nicht die Mühe gemacht, das Glas abzuspülen.

Wir werden sehen. Im Aufstehen klopfte Benjamin sich kräftig auf die Oberschenkel, um keinen Zweifel zu lassen, er war schon viel zu lang hier gewesen, seine Mittagspause vorbei.

An der Tür blieb er kurz stehen, als würde er noch etwas sagen wollen, etwas Ermutigendes zum Beispiel, aber dann nickte er nur. Sein Lächeln hing schief im Raum.

Alle arbeiteten, gingen ihren Beschäftigungen nach, nur Ellen lag nutzlos herum. Einmal am Tag kam Essofa und versorgte sie mit Essen, Büchern. Manchmal auch Neuigkeiten aus der Stadt. Morgens kriegte sie nichts runter, von den Tabletten mal abgesehen, erst am frühen Nachmittag kam dann dieser unstillbare Hunger. Bananen, Orangen, gekochte Yams, Erdnüsse. Sie stopfte das alles in sich hinein. Essofa hatte erzählt, jemand habe einen ganzen Sack voller Süßkartoffeln vor der Tür für sie abgestellt. Ein Proviant für mehrere Wochen. Er habe ihn in die Küche geschafft, hinter die rote Gasflasche für den Herd.

Danke, hatte Ellen leise gemurmelt und sich zur Wand gedreht, weil sie nicht wollte, dass er ihre lächerliche Rührung sehen konnte.

Im Traum erschien ihr die Ziege. Majestätisch stand sie am Strand, ihre Hufe sanken etwas in den nassen Sand ein, den Kopf hielt sie in die Höhe. Um sie herum verstreut alte Badelatschen, zerknüllte Hemden und Kleider.

Abgestreift, zurückgelassen. Als wären die Besitzer*innen ins Meer gegangen und nicht zurückgekommen. Nahe der Brandungslinie ein umgeworfener Plastikstuhl, dessen Beine schräg in den Himmel ragten. Die Ziege hob den Kopf noch etwas mehr, ihr Bauch dehnte sich beim Atmen. Das Licht klar, sie furchtlos. Aber als Ellen sich der Ziege nähern wollte, ihr die Hand hinstreckte, sprang das Tier zur Seite und lief davon. Dann wachte Ellen auf. Die Dunkelheit kroch zurück. Fast augenblicklich kitzelte es an den Fußsohlen. Sie zog ein Bein ein, das gesunde, unter das Laken. Den Kopf auch. Baute sich ein Zelt. Wie war die Ziege nur ins Zimmer gekommen?

Essofa blieb jetzt häufig an ihrem Bett sitzen, vielleicht aus Sorge, Ellen würde sonst nichts essen. Und wahrscheinlich hatte er damit sogar recht.

Er plauderte, meistens spielte er über das Handy seine Lieblingsmusik, übersetzte für sie den Text Wort für Wort.

Elavo, sagte er, ich liebe den Song. Immer, wenn ich das höre, denke ich an meine Mama.

Ellen schob sich etwas weiter in die Senkrechte. Essofa sprach selten von seiner Familie. Sie wusste, dass er zwei Töchter hatte. Anders als die übrigen Mitarbeiter*innen hatte er Ellen nie zu sich nach Hause eingeladen. Er mochte es nicht, außerhalb der Bibliothek mit Weißen gesehen zu werden, sagte er. Auf die Frage nach dem Grund hatte er geantwortet, die Leute reden.

Essofa räusperte sich jetzt. Ich erinnere mich an den 5. Oktober 1990, es war ganz kurz nach dem Mauerfall. Ein Freitag. Wir haben das hier alle verfolgt. Glaub nicht, dass wir hinter dem Mond wohnten. Ich ging damals noch zur Schule. Es hatte damit angefangen, dass Studierende verurteilt werden sollten, weil sie Flugblätter über die politischen Missstände verteilt hatten. Meine Schule war nicht weit vom Palais de Justice entfernt. Normalerweise werden Prozesse, die keine richtigen Prozesse sind, weil das Urteil bereits feststeht, von ein paar Leuten besucht. Aber an diesem Tag war es anders, der Saal bis auf den letzten Bankplatz gefüllt. Auch draußen hatten sich Studierende in Gruppen versammelt. Es lag etwas in der Luft. Im Saal stimmte einer das Lied *Terre de nos aïeux* an, die Hymne, die seit den 80er Jahren, seit dem Putsch, verboten worden war. Sie sangen Freiheit für immer, für alle. Und der ganze Saal stimmte ein. Wie immer wurde sofort Militär angefordert, aber sie bekamen die Unruhe nicht mehr unter Kontrolle. Als die Studierenden in der Schule auftauchten, wollte die Schulleiterin uns zuerst nicht gehen lassen. Erst auf Drängen und Drohen der Studierenden öffneten sie die Türen. Es war laut, viele sangen Lieder, der Aufruhr versetzte die Stadt in ein beständiges Summen. Zu Hause traf ich auf meine Mutter. Sie war Teil der 68er-Bewegung in Togo gewesen, musst du wissen, und immer hatte ich sie gefragt, warum sie und ihre Freund*innen nach dem Putsch geschlafen hatten, warum hatten sie das Ruder nicht herumgerissen?

Da hast du deinen Aufstand, sagte sie. Los, Essofa, auf die Straße mit dir.

Sie hatte keine Angst, fragte Ellen.

Essofa lachte laut auf. Meine Mutter war die mutigste Frau, die ich kenne. Als Studentin hat sie in einer Band aus lauter Frauen gespielt. Gitarre und Gesang. Es gibt Fotos, auf denen sie mit Schlaghosen posiert. Mit WAX-Prints, versteht sich.

Ein paar Monate zuvor war Chirac, damals noch Bürgermeister, an der Elfenbeinküste gewesen und hatte öffentlich gesagt, Demokratie sei ein Luxus für afrikanische Länder. Zugunsten des Friedens solle alles lieber bleiben, wie es war. Essofa schüttelte den Kopf. In Deutschland fiel die Mauer, wir sahen die Bilder, hier wurde die Revolution verhindert. Jetzt haben wir eine Dynastie.

Er blickte aus dem Fenster.

Vor mehr als fünf Jahren ist sie gestorben. Die Aufstände, sagte er, werden weitergehen. Die Geschichte ist nie zu Ende. Er lächelte. Zum Glück. Sein Blick wanderte zurück zu Ellen, fiel dann auf das Buch.

Das liest du, fragte er.

Ellen war sich fast sicher, dass Neda ihr *Robinson Crusoe* geschickt hatte. Kurz vor ihrer Abreise hatte es im Briefkasten gelegen, in einen braunen Umschlag gewickelt und ohne Absender oder Gruß.

Den Anfang habe ich gemocht, ja, tatsächlich genossen, sagte Essofa. Bis Freitag aufgetaucht ist. Dieser Freitag, der sich dem *W*eißen alle paar Meter zu Füßen wirft, aus Dankbarkeit, wie Crusoe im Buch sagt, um sich schließlich in einer Geste kompletter Unterwerfung den Schuh des *w*eißen Herrn in den Nacken zu legen. Die Geschichte hat mich gewurmt, wir mussten sie damals im Unterricht lesen. Vielleicht basierte das alles auf einem kolossalen Irrtum. Was, wenn Freitag gar nicht gerettet werden musste? Ich habe mir damals ausgemalt, der *w*eiße *Fremde* habe ein Ritual, das er nicht deuten konnte, falsch interpretiert und so ganz grundlos zwei Menschen mit seiner Feuerwaffe getötet. Freitags Gesten waren nichts anderes als der Versuch, sein eigenes Leben zu retten, sich vor diesem Wahnsinnigen zu schützen. Er musste schreckliche Angst gehabt haben. Immer deutlicher ist es mir vor Augen getreten: Freitag ist die fleischgewordene Sehnsucht Crusoes, seine Erfindung.

Meine Lehrerin hat mir besonders viel Phantasie attestiert und mich dann durchfallen lassen. Essofa nahm das Buch in die Hand, er schnalzte die Zunge, wog das Gewicht. Schließlich sagte er, ich kann nicht glauben, dass du das liest.

9

Später erinnerte Ellen sich an ein Picknick im letzten
Sommer. Mascha, eine Freundin, hatte während der Semesterferien in einer der provisorisch eingerichteten
Unterkünfte für Geflüchtete gearbeitet. Sie hatte erzählt,
wie schlecht die Zustände waren; es fehlte am Grundlegenden. Aber weil man niemanden fortschicken wollte,
mussten die Menschen, die kein Bett hatten, in einen
Bus steigen, der dann irgendwo auf dem Gelände abseits
geparkt wurde, für ein paar Stunden, bis die offizielle
Zählung in den Gebäuden abgeschlossen war. Später
am Abend wurde der Bus zurück zu den Hallen gefahren, Matratzen wurden improvisiert. Das war die einzige
Möglichkeit, um die Familien nicht zu trennen, sagte Mascha.

An einem der Tage, als besonders viel los war, vergaß
man den Bus. Er blieb einfach dort stehen, auf dem Parkplatz, unter der prallen Sonne, den ganzen Tag. Es war
Hochsommer, die Luft in den Fahrzeugen schlecht. Die
Fenster, eigentlich mit einer Vorrichtung zum Öffnen versehen, waren verschraubt worden. Natürlich gab es kein
Wasser, kein Essen.

Ellen war erschrocken, als Neda ihr plötzlich von hinten den Arm um die Schulter gelegt hatte. War sie nicht gerade mit einem Freund am Kiosk Getränke kaufen gegangen? Neda war fröhlich gewesen, ihre Augen leuchtend grün.

Was ist los, hatte Neda gefragt, was schaut ihr so bedröppelt, und einen Schluck Bier genommen. Mascha hatte zu Boden geschaut.

Am Abend, als Ellen bereits wieder zu Hause gewesen war, hatte sie darüber nachgedacht, ob es gut war, dass Menschen wie Mascha in den Unterkünften arbeiteten. Mit den besten Absichten. Und dann war ihr in den Sinn gekommen, dass Mascha gesagt hatte, man vergaß den Bus. Aber waren es in Wirklichkeit nicht die Menschen gewesen, die man vergessen hatte? Und plötzlich hatte Ellen sich gefragt, ob es wirklich ausreichte, gute Absichten zu haben, wenn das System das immergleiche blieb.

10

Er habe die Holländerin getroffen, erzählte Essofa am Nachmittag, unten beim Markt.

Sie hat keine Bleibe, und da habe ich ihr angeboten, für eine Weile hier zu wohnen, im anderen Zimmer. Dann hast du Gesellschaft, sagte er und sah zufrieden aus.

Er ließ es wie eine glückliche Fügung aussehen, dachte Ellen, um sie nicht zu beschämen – dabei war sie sich fast sicher, dass er Fleur gebeten hatte, bei ihr zu sein.

Fleur kam mit einer kleinen, dunkelblauen Reisetasche unterm Arm. Zur Begrüßung umarmte sie Ellen fest, fragte: Und, bist du okay?

Sie setzte sich auf die Bettkante zu Ellen, wartete.

Zuerst spürte Ellen ihren Blick als ein Brennen, dann liefen die Tränen. Fleur nahm Ellen in den Arm. Wenn sie sich aus der Umarmung lösen wollte, gab Fleur nicht nach, sondern schlang ihre Arme noch etwas fester um Ellens Oberkörper. Erst war es unangenehm, die Berührung ungewohnt, dann ließ Ellen es einfach zu, und erst als sie aufhörte mit dem Weinen, ließ Fleur ihre Arme sinken. Ellen wurde bewusst, dass sie noch nie auf diese Weise von jemandem umarmt wurde.

Wir buchen dir jetzt einen Flug nach Hause, sagte Fleur bestimmt, und Ellen widersprach ihr nicht.

11

Am Nachmittag klopfte es zaghaft an der Tür. Fleur ging hin, um nachzusehen, und kam mit einer jungen Frau zurück. Sie trug ein Stoffbündel bei sich.

Meine Mutter schickt mich, sagte sie. Sie hat von deiner Krankheit gehört und wünscht dir gute Besserung. Weil du nicht zum Abholen gekommen bist, dachte sie, hier –

Vorsichtig legte sie das Bündel auf die Kante des Schreibtisches neben dem Bett.

Fleur sagte, stell dir vor, Ellen, ich war auch bei Amina.

Die junge Frau lächelte. Ich heiße Rashida. Freut mich, euch kennenzulernen.

Amina hatte ihre erwachsene Tochter mit keinem Wort erwähnt. Oder doch?

Sie beugte sich jetzt zu ihr herunter. Berührte sie mit der Hand leicht an der Schulter.

Ihr Bauch war rund und glatt wie ein Ei. Direkt vor ihrem Gesicht. Rashida rieb sich mit der Hand darüber.

Es tat weh, aber nur kurz. Als würde jemand auf einen blauen Fleck drücken. Ellen wich zurück.

Rashida lächelte. Noch zwei Wochen, sagte sie. Es ist mein erstes Kind. Hast du Kinder?

Sie schüttelte den Kopf.

Schwangerschaft ist die reinste Qual, ich bin so was von froh, wenn das hier bald draußen ist.

Vom Markt brachte Fleur Tomaten mit. Sie waren süß und sauer, köstlich. Das Fleisch hatte eine dunkelrote Farbe. Während Ellen gierig aß, erinnerte sie sich an ein Kinderlexikon, in dem ein Embryo in seinen verschiedenen Entwicklungsstufen gezeichnet war. Stundenlang hatte sie die Abbildungen studiert, später auch nachgezeichnet. Ellen hatte sich geekelt und war gleichermaßen fasziniert gewesen. Wie sich aus einer Art Kaulquappe der Mensch herausbildete. Die Kreaturen ähnelten den Außerirdischen, die sie heimlich früh morgens in einer Wiederholung des Nachtprogramms im Fernsehen gesehen hatte.

Am Tag vor ihrer Rückreise frühstückten sie ein letztes Mal auf der Terrasse. Fleur hatte Kaffee gemacht und ein Omelett mit Tomaten und Zwiebeln gebraten.

Hast du deine Freundin eigentlich erreicht, fragte Fleur beiläufig und stippte ein Stück süßes Brot in die Tasse vor sich.

Ellen nickte. Sie war selbst überrascht gewesen. Neda hatte sie angerufen, nachdem sie auf Umwegen von dem Unfall gehört hatte.

Was machst du für Sachen, hatte sie gesagt und ernsthaft besorgt geklungen.

Ellen. Sie wiederholte ihren Namen mehrmals. Ellen. Ellen. Ellen?

Im Hintergrund war Straßenlärm zu hören.

Wo bist du, hatte Ellen schließlich gefragt.

Wieder in der Stadt.

Ich glaube, sagte Fleur, es ist die Scham. Wir schämen uns für unsere Herkunft. Wir schämen uns dafür, zu reich zu sein. Wir schämen uns aber auch dafür, arm zu sein. Wir schämen uns für unser Nichtwissen. Für das, was wir wissen. Was uns unterscheidet. Sie machte eine Pause, und wer sich schämt, versteckt sich. Und wer sich versteckt, ist niemals aufrichtig.

Auf ihrer Reise durch Ghana sei sie mit Anfang zwanzig nach Cape Coast gekommen. Von Accra aus brauchte man mit einem der Busse nur etwa drei Stunden. Denkbar schlecht vorbereitet sei sie durch die Stadt gestolpert.

Hast du schon einmal von der *Door of No Return* gehört?

Ellen schüttelte den Kopf.

Ich auch nicht, erwiderte Fleur, und so fiel mir nichts Besonderes ins Auge, als ich auf dem Parkplatz ausstieg. Blaue Kioske in einer Reihe. Es roch nach gegrillter Kochbanane. Verkäufer boten kleine Säckchen mit Erdnüssen und Wasser an. Tro-Tros fuhren an mir vorbei. Niemand nahm Notiz, und nichts deutete für mich darauf hin, dass diese Stadt der Knoten zwischen dem afrikanischen Hinterland, Europa und den Plantagen der Neuen Welt gewesen war. Bis auf die weißen Festungsmauern, die direkt hinter dem Meer aufragten, deretwegen ich gekommen war. Ich hatte nicht viel Zeit, deshalb fuhr ich sofort weiter zur Feste, um an einer der Führungen teilzunehmen. Wir liefen als Gruppe über den Vorplatz. Ich war überrascht, dass die meisten anderen Tourist*innen augenscheinlich Afroamerikaner*innen waren, und es dauerte, bis ich verstand, dass dieser Ort für sie eine ganz andere Bedeutung hatte als für mich. Sie kannten ihn aus den Erzählungen ihrer Tanten, Eltern und Großeltern. Wie lange hatten sie darauf gewartet, an diesen Ort zu gelangen? Als wir in die Kellergewölbe hinabstiegen, spürte ich eine Beklemmung, auf die ich nicht vorbereitet gewesen war. Hier unten hatte man Menschen monatelang eingesperrt, ehe sie die Burg über den Strand verlassen mussten, um mit einem Schiff nach Amerika oder zu einem der Umschlagplätze in Europa verfrachtet zu werden. Die Luft dort unten war feucht. Als der Guide uns eine der Zellen zeigte, die mit schweren Apparaturen aus Eisen versehen waren, für die Fußfesseln, wollte ich umkehren, nach oben, an die Luft, aber mir war klar, dass ich alleine hier unten verloren war. Niemals hätte ich den Weg gefunden, also folgte ich der Gruppe und den Ausführungen des Guides. Ich sah die eingeritzten Striche an den Wänden und Überbleibsel von selbst gebauten Altären. Von wo die Menschen hineingeführt wurden und wo sie Monate später aus dem Bauch der Festung auf die Schiffe gelangten, verschlossen von der *Door of No Return*, einem riesigen Tor. Auf der Rückseite hatte jemand ein Schild angebracht, das sagte *Door of Return*, als wäre das möglich, die Geschichte aus umgekehrter Richtung zu betreten.

In eine der Kammern fiel kaum Licht. Es war die Kammer für jene, die rebellierten. Wer wolle, sagte der Guide, könne die Kammer jetzt verlassen. Er werde die Tür schließen, nur für eine Minute. Ehe ich verstand, war er verschwunden. Es war so dunkel, dass wir uns gegenseitig atmen hörten. Ein Stoff raschelte. Ich bekam keine Luft. Mein Ohr fiepte. Dann hörte ich, wie der Guide die Tür wieder öffnete. Mit dem hereinfallenden Licht sah ich, wie ein Mann und eine Frau sich umarmten; sie hatte den Kopf an seinem Hals vergraben. Er weinte, ich weinte auch, und plötzlich spürte ich eine Hand, die meine fest umschloss.

It's alright, sagte der Mann, der mich jetzt in den Arm nahm. Er trug ein loses T-Shirt und eine Cap mit den Initialen NY. Erst als er mich losließ, verstand ich, dass er glaubte, ich wäre eine von ihnen. Eine Afroamerikanerin, auf der Suche nach ihren Wurzeln, Heilung. Ich schämte mich, aber es schien mir bereits zu spät, um den Irrtum aufzuklären. Absichtlich ließ ich mich zurückfallen. Er schien meinen Wunsch, allein zu sein, zu respektieren und nickte mir beim Abschied aus der Ferne höflich zu. Auf dem Vorplatz stand eine Reihe von Kanonen, die aufs offene Meer zeigten. Eine junge Frau kletterte auf eine hinauf, sie trug Jeans, einen Pferdeschwanz. Mit den Beinen umschloss sie den Kanonenlauf, während ihr Begleiter lachend ein Foto von ihr knipste. Ich wollte hinübergehen und ihr mit der Faust ins Gesicht schlagen. Ich war überrascht von der Kraft meiner Wut, ich schämte mich, es schien, als würde die Wut nicht mir gehören. Unten am Strand gingen die Fischer ihrem Alltag nach, Netze wurden ausgelegt und geflickt. Der Himmel war milchig, zwischen meinen Zähnen schmeckte ich das Salz.

Fleur atmete tief ein, dann aus. Sie nahm ihren Kaffee, trank einen großen Schluck. Fuhr sich mit der Zunge über die Lippen. Ellen konnte ihre Erregung spüren. Die Tasse in ihrer Hand zitterte leicht.

Wie ging es weiter?

Ich habe sie nicht geschlagen. Aber ich wäre dazu imstande gewesen. Der Schmerz ist kompliziert. In den kommenden Tagen wurde ich immer wieder für eine

Amerikanerin mit – wie ein Schuljunge sagte – Identitätsproblemen gehalten. Zum ersten Mal hatte ich ihn dort bei der Festung gesehen. Meine Kopfschmerzen waren nach der Führung schlimmer geworden. Die Luft war feucht und schwer. Ich setzte mich draußen auf einen kleinen Mauervorsprung, sah aufs Meer. Zwischen dem Wasser und mir lag eine zerklüftete Landschaft aus Steinen und kleinen Felsvorsprüngen. Weiter unten befand sich ein schmaler Strand. Nach einer Weile bemerkte ich eine Gestalt, die ganz nah am Wasser stand, mit dem Rücken zu mir. Gischt flog auf. Das Meer war unruhig. Der Wind fuhr in das Hemd der Gestalt, die ich schließlich als Jungen zu erkennen glaubte. Ich holte meine Kamera aus der Tasche und zoomte heran. Der Junge tanzte; er schlug mit der Faust auf sein Herz ein, wippte in den Knien. Er öffnete die Arme, als würde er das Meer einladen und verzog dabei das Gesicht. Durch die Linse konnte ich sehen, wie er lauthals sang, aber ich hörte nichts. Seine Stimme verlor sich im Wind, dem Brausen des Meers. Er konnte nicht älter als dreizehn sein.

Fleur blickte auf. Unten hupte ein Motorrad. Nebenan krähte der Hahn, und Ellen wurde schlagartig bewusst, dass sie das alles in wenigen Stunden hinter sich lassen würde. Sie würde von der Bühne gehen. Fleur in ihr eigenes Leben zurückkehren. Vielleicht würden sie sich anfangs noch hin und wieder eine Textnachricht schreiben, die dann mit der Zeit weniger wurden.

Später sah ich den Jungen wieder, nahm Fleur ihre Erzählung auf. Lässig stand er gegen einen Motorroller gelehnt und unterhielt sich mit einem Freund. Seine Augen leuchteten. Die beiden lachten. Er sah mich direkt an, als er meine Neugier feststellte.

Soll ich dir etwas zeigen, fragte er kokett. Er schien das hier öfter gemacht zu haben.

Was denn, fragte ich ihn.

Den Weg in die Geschichte, sagte er, wir können mit meinem Freund direkt hinfahren.

Ich weiß nicht, warum ich einverstanden war. Ein Gefühl sagte mir, er könne mir etwas wirklich Bedeutsames zeigen. Die Fahrt dauerte nur knapp fünf Minuten. Soweit ich sehen konnte, war dies ein gewöhnlicher Wohnort. Kinder spielten auf der Straße. Wir liefen noch etwa hundert Meter.

Vertrau mir, sagte der Junge. Er hieße Kwesi und er habe schon einigen Oburoni diesen Ort gezeigt.

Schließlich kamen wir zu einem Baum. Der Stamm ließ sich mit den Armen nicht ganz umfassen, so dick war er.

Er erklärte, die Gefangenen mussten den Baum umrunden, ehe sie von Händlern verkauft wurden, Frauen siebenmal, Männer neunmal, um den Weg nach Hause zu vergessen. Es sei ein Zauber. Magic. Poff. Kwesi klatschte in die Hände.

Aber der Zauber ließe sich rückgängig machen. Ich hätte außerordentliches Glück und nun die Gelegenheit, sieben Runden in verkehrter Richtung zu gehen. Dann würde ich mich schon erinnern. Ich erwiderte, dass das keinen Sinn ergäbe, schließlich war ich bereits hier, zurückgekehrt. Kwesi hob die Schultern.

Es stimmt auch nicht, wir erzählen es nur, weil die Tourist*innen die Geschichte mögen.

Wir lachten beide, es war ein seltsames und befreiendes Lachen. Kwesi fragte, aus welchem Bundesstaat ich kam, und als ich antwortete, dass ich aus Holland angereist war, wirkte er verblüfft.

Also hast du mich auch hereingelegt.

Bei der Straße kaufte ich für uns beide Cola. Ich erfuhr, dass es diese Rituale damals in vielen Ausführungen gegeben hat. In manchen Orten wurden Menschen von den Händlern in einem Sud aus Kräutern gebadet, um ihre Identität abzuwaschen. In anderen mussten sie einen Schluck von einem Zaubergetränk nehmen, der sie willenlos und gefügig machen sollte. Wie Zombies, sagte der Motorradfahrer, Kwesis Freund, der jetzt wieder zu uns gestoßen war. Oder Automaten.

Wer vergisst, hat nichts verloren, sagte Fleur.

Ellen nickte.

Aber es ging natürlich auch darum, Revolten zu vermeiden. Was für ein machtvolles Instrument der Unterdrückung Geschichten sein können, weißt du mit deiner Studie genau so gut wie ich.

13

Auf dem Rückflug trug Ellen Aminas Hose. Es war die einzige, die bequem über den dicken Verband passte. Dazu das blaue Baumwollhemd. Durch eine großzügige Dosis Schmerzmittel war sie ruhig und zuversichtlich. Ihr Herz schlug kräftig, im richtigen Takt. Nach dem Start sah Ellen aus dem Fenster auf die Landebahnen unter sich, das verschlungene Netz von Straßen, die sich wie zufällig kreuzten. Der Platz neben ihr war leer. Ringsherum wurden Bildschirme eingeschaltet. Filme flackerten auf. Wie eine Membran würden sich die Flugstunden nun über die vergangenen Wochen legen. Dass sich ihr Bewusstsein, an dessen Rändern sie gekratzt hatte, nicht ohne weiteres einholen ließ, ahnte sie. Sie stopfte sich Kopfhörer in die Ohren, die ersten Takte Ablode Gbadja erklangen, ein Lied, das Essofa ihr mehr als einmal vorgespielt hatte. Zum Abschied hatte er ihr eine Playlist zusammengestellt. Die Augen geschlossen, spürte sie der Schwerkraft nach, die sich in ihrem Magen bloß als leichtes Ziehen bemerkbar machte. Während der Steward an seiner grellen Weste die überlebenssichernden Maßnahmen demonstrierte, dachte Ellen an die Tür, von der Fleur gesprochen hatte. Ob es möglich war, eine Geschichte aus der Vergangenheit zu betreten? Als Ellen die Augen das nächste Mal öffnete, hatte das Flugzeug gerade die Wolkenschicht durchstoßen.

DREI

Im Internet stolperte ich über die sogenannten Völkerschauen. Um die Jahrhundertwende, hieß es in dem Artikel, fanden sie zahlreich im Kaiserreich statt und wurden erst langsam vom aufkommenden Film abgelöst. Dörfer wurden nachgebaut, Darsteller*innen zu Familien arrangiert, Gerätschaften und Tiere importiert. Dazu ein Skript geschrieben, in dem stand, wer an welchem Ort zu welcher Uhrzeit zu kochen oder zu tanzen hatte. Um die Wirtschaftlichkeit zu steigern, experimentierte man eine Weile damit, auf die Gräben und Absperrungen zwischen den Besucher*innen und den dort lebenden Menschen zu verzichten. Die Möglichkeit, den Darsteller*innen ganz nah zu kommen, sollte die Attraktion und folglich den Umsatz steigern. Aber die Besuchszahlen sanken. Es wurde vermutet, das Publikum brauche die Absperrung, um die anderen erst als solche zu begreifen.

Ich weiß nicht, wie ich über meine Urgroßmutter schreiben kann, ohne einen Graben um sie zu ziehen.

Über diese Frau gibt es eine Menge Geschichten, raunt Claus ins Telefon, als ich endlich den Mut aufbringe, mich bei ihm zu melden. Ich bin mit ihm verwandt, aber ich habe ihn noch nie persönlich getroffen; das Ergebnis eines spärlichen Kontakts über mindestens zwei Generationen.

Meine Mutter, die über diesen Zweig der Familie sagt: Die glauben, die wären was Besseres. Und obwohl ich ihr nicht widersprechen kann, weil ich es natürlich nicht weiß, bin ich mir fast sicher, dass sie es ebenso wenig erfahren und diesen Satz lediglich von ihrem Vater übernommen hat.

Während *die* Internate auf Schloss Bieberstein oder Hohenwehrda besuchten, gingen meine Mutter und ihr Bruder Lutz in die städtische Realschule.

Claus ist so etwas wie dein Onkel, sagt meine Mutter und korrigiert sich sogleich, kein richtiger. Der falsche Onkel und ich teilen nicht denselben Nachnamen, aber mit meiner Mutter teilt er dieselbe Großmutter.

Die Nummer habe ich aus dem Telefonbuch. Ihr Cousin, daran konnte meine Mutter sich erinnern, betreibt einen Antiquitätenladen in Hamburg. Ich habe Glück und erreiche ihn schon beim ersten Versuch. Seine Stimme ist fest, forsch und einen Tick zu laut. Ganz so, als könnte ihm das mehr Autorität geben. Er scheint kein bisschen überrascht, was mich verwirrt. Kurz geht es hin und her. Wie es meiner Mutter gehe. Und seiner Familie? So lange nichts gehört. Aber das mit dem Tod meines Vaters. Die wichtigsten Fakten haben ihn also erreicht. Während unseres nur etwa zehnminütigen Telefonats fällt in jedem zweiten Satz das Wort *sicher*. Claus hat anscheinend nicht den leisesten Zweifel daran, dass alles ist, wie es scheint.

Auf einer alten Brottüte notiere ich Tag, Uhrzeit und Adresse für unser Treffen, dann buche ich einen Zug nach Hamburg, versehentlich für den falschen Tag, storniere alles und beginne von neuem.

Von meiner Urgroßmutter existieren keine Papiere, die mit Sicherheit etwas über ihre Herkunft erzählen könnten. Es heißt, sie hat sie während des aufkommenden Nationalsozialismus vernichtet.

Das einzige Foto, das ich von ihr besitze, hat keine Schärfe. Als hätte jemand mit Weichzeichner gearbeitet. Ihr Blick schwimmt in eine Ferne. Sie wirkt ernst, entrückt, als wäre sie in Wirklichkeit ganz woanders. Über ihrer Stirn liegt ein weißer Balken. Sie könnte auch eine Außerirdische sein, gekommen aus einer nicht bekannten Zukunft. In Wirklichkeit wurde das Bild abfotografiert. Ich weiß nicht, von wem. Der Fotograf oder die Fotografin ist dem Objekt zu nah auf den Leib gerückt. So weit, dass es sich nun aufzulösen beginnt.

Vielleicht funktioniert das Gegenteil. Abrücken. Sich ein Panorama vorstellen. Was oder wen hat meine Urgroßmutter berührt? Und was berührte sie zurück? Wir schauen jemanden an und merken nicht, dass auch sein oder ihr Blick unser Bewusstsein formt.

Die meisten der einhundertsechs Darsteller*innen, die sich 1896 im Treptower Park während der Gewerbeausstellung anstarren lassen mussten, kamen aus den Kolonien Togo und Kamerun. Einer von ihnen, hieß es in dem Artikel, der junge Kameruner Kwelle Ndumbe, kaufte sich ein gebrauchtes Opernglas. Auf die Frage zweier Besucher, warum er ausgerechnet ein Opernglas brauche, reagierte er verächtlich. Als Antwort schob er sich das Glas vors Gesicht und betrachtete hindurch die Traube an Menschen, die sich um ihn versammelt hatte. So steht es in dem zeitgenössischen Bericht, den eine Historikerin um die Jahrtausendwende als Zufallsfund aus den Archiven gefischt hat. Seitdem taucht die Geschichte immer wieder auf.

Eine der Geschichten über meine Urgroßmutter lautet: Weil sie als einziges der drei Kinder blaue Augen hatte, wählte ihr deutscher Vater, der in Panama ein Kaufhaus für Kolonialwaren betrieb, ausgerechnet sie, Benedetta, um ihn nach Hamburg zu begleiten, während er jedoch die Mutter und ihre beiden Geschwister in Panama zurückließ.

Das Problem mit dem Offensichtlichen. Ich schaue sehr lange, sehr konzentriert auf das Foto meiner Urgroßmutter in Schwarz-Weiß – aber welche Farbe die Augen haben, kann ich beim besten Willen nicht erkennen. Erst sind sie blau, dann braun, dann nur noch grau mit einem Schleier aus Sepia, der sich darüberlegt.

Noch eine Geschichte. Sie soll unpraktisch gewesen sein, meine Urgroßmutter, bis zur häuslichen Katastrophe. Nicht mal ein Spiegelei sei ihr gelungen. Dafür aber sei sie äußerst begabt gewesen, wenn es um das ästhetische Maß der Dinge ging. Nach ihrer ersten Scheidung, einem Schritt, der für damalige Verhältnisse mehr als ungewöhnlich war, soll sie sich mit einem Bildhauer eingelassen haben. Pilz war sein Name. Leider ein Säufer. Richtig glücklich, stellt Onkel Claus bereits am Telefon klar, ist sie mit den Männern nie geworden.

Wie ein Zauberer zieht er eine Gewissheit nach der anderen aus seinem Zylinder, als wären sie weiße Kaninchen.

Dabei ist das Leben meiner Urgroßmutter ein Leben im Konjunktiv, sage ich zu Neda. Ich klaube mir die Dinge zusammen, die mir wie zufällig vor den Füßen landen, und hoffe, dass ich daraus eine Geschichte spinnen kann.

Das Telefonat hat mich schwindelig gemacht. Wir gehen mit Momo eine schnelle Runde spazieren. Seit Neda die Hündin aus einer Exbeziehung bei sich aufgenommen hat, machen wir das fast täglich.

Momo gibt den Takt vor, sie bleibt an einer Bank stehen, studiert sie, oder läuft zum Wasser und sieht den Schwänen nach. Dann läuft sie weiter, Neda und ich immer hinter ihr her.

Hm. Du meinst wie ein Vogel, der sich aus allem Möglichen sein Nest baut, sagt Neda. Sie wirkt nicht überzeugt. Sie legt den Kopf in den Nacken, wie um nach einem Vogel Ausschau zu halten.

Der Weg, der neben dem Kanal herführt, ist so aufgeweicht, dass wir auf die asphaltierte Straße ausweichen müssen. Am Vormittag hat es heftig geregnet. Jetzt ist es überraschend warm. Die Autos fahren im Schritttempo dicht an uns vorbei. Ein Autofahrer hupt, Momo erschrickt und weicht zurück.

Idiot, ruft Neda dem Fahrer hinterher.

Ist dann jede Geschichte ein Nest, denke ich laut nach.

Neda überlegt, schließlich murmelt sie in Gedanken, ich vermute, wir brauchen alle einen Ort, von dem wir uns früher oder später entfernen können.

Du denkst an ihn, frage ich.

Neda nickt. Ihr Vater lebt nicht mehr, aber seit einem knappen Jahr hat Neda Kontakt zu seinen Schwestern in Kanada aufgenommen, zu ihren Cousins und Cousinen.

Wieder zu Hause, setze ich mich an den Küchentisch und starre aus dem Fenster. Wie wenig ich bislang an die Geschichte meiner Urgroßmutter geglaubt hatte, wurde mir erst in dem Moment bewusst, als ich tatsächlich fündig wurde. Etwas Offizielles, das über das Foto hinauswies. Das gescannte Stück Papier, ein Eintrag aus einem Adressbuch von Dresden im Jahr 1925, löste sie aus der Geisterwelt heraus und gab den Worten meiner Mutter Gewicht. So prallten sie auf die Welt.

Als meine Mutter zum ersten Mal ihre afropanamaische Herkunft erwähnte, saß ich am Tisch, vielleicht aßen wir Frühstück, ich muss ein Schulkind gewesen sein, denn jemand schmierte ein Käsebrot für meine Vesper. Im Radio lief lateinamerikanische Musik. Meine Mutter tanzte zwischen Spülbecken und Tisch hin und her, auf eine Art, die ich heute an ihr bewundere, weil sie frei von jeder Gefälligkeit ist. Als könnte sich ihr Körper der Gegenwart widersetzen. Damals betrachtete ich diese Verwandlung mit Scham. Wahrscheinlich machte mein Vater einen spitzen Kommentar, auf den meine Mutter nicht besser zu antworten wusste, als dass ihr das Tanzen eben in die Wiege gelegt worden war.

Von der Großmutter?

Aus Panama?

Einer Tänzerin?

Na klar.

Mein Vater verdrehte die Augen wie er es auch tat, wenn meine Mutter über ihre Steine sprach. Über Sternbilder. Diesen ganzen Humbug. Woher willst du das wissen, fragte er, ohne eine Antwort zu erwarten. Es gibt schließlich keine *Beweise*.

Erst heute springt mir das Absurde ins Auge. Mein Vater hielt vor mir bis zur Pubertät die Lüge aufrecht, sein Vater stamme aus Algerien. Er erzählte es mir, wie man ein Geheimnis erzählt, hinter vorgehaltener Hand. Unter uns. Als ich schließlich alt und entschlossen genug war, die Wahrheit ans Licht zu bringen, und meine Tante, seine älteste Schwester, danach fragte, wurde sie fast ausfallend. Was mein Vater sich für Geschichten ausdachte. Für wen er sich da hielt. Die arme Mutti. Und wozu das alles. Das fragte ich meinen Vater, der schließlich einlenkte und sagte, er habe sich diesen Fremden ausgedacht, als sie in der Schule Camus lesen mussten damals. Tagelang habe er sich in sein Zimmer verkrochen, einen Vater imaginiert, den er nie wirklich kennengelernt hatte. Damals war er gerade auf das Gymnasium gekommen. Als Erster seiner Familie, die aus lauter Schornsteinfegern bestand.

Sein eigener Vater war zu diesem Zeitpunkt bereits sechs Jahre tot.

Im Vergleich zu seinen Geschwistern hatte mein Vater dunkle Haut und schwarzes, dichtes Haar. In einer meiner frühen Kindheitserinnerungen wird er auf offener Straße bei uns in Schöneberg von einer älteren Dame mit vielen kleinen Hunden, die während der Szene um unsere Füße wuselten und kläfften, beschimpft, und die Worte, die sie sagte, wohnen bis heute in mir:

Geh doch zurück zu dir nach Hause.

Meine Urgroßmutter, das wird mir klar, ist die Abweichung, die die Norm bestätigt. Jede*r schließt die Lücken in ihrer Biographie auf eigene Weise. Keine*r will sich festlegen. Oder *sie* festlegen. *Weiß* war ihre Haut nicht; gleichzeitig traut sich niemand, das Wort *schwarz* auszusprechen. Sie war *eine dunkle Person*. Einig sind sie sich hingegen bei ihrem Haar, das außergewöhnlich war. Dasselbe, das sie meinem Großvater vererbt hat. Deinem Opa, sagen sie, der mit seinen *schwarzen Geschäften* immer das *schwarze Schaf* der Familie war.

Mein Vater, der erzählte, wie sein Vater mittags nach Hause kam, Hände, Arme und Gesicht von der körperlichen Arbeit als Schornsteinfeger über und über mit

Ruß bedeckt. Meine Oma legte stets ein Stück Zeitung an seinen Platz, in der Spüle wusch er sich nur die Hände, seltener das Gesicht. Er aß hastig, die Mittagspause war kurz, dann ging er. Zurück blieb der Abdruck von seinem Gesäß, die Spur eines Phantoms.

Die Sommer verbrachte ich oft allein mit meinem Vater, weil er, anders als meine Mutter, Urlaub nehmen konnte. Wir besuchten seine Familie, reisten zwischen Coburg und der Oberpfalz hin und her. Kreuzte eine Kirche unseren Weg, gingen wir hinein und erholten uns von der drückenden Hitze. Längs ausgestreckt lagen wir auf einer der Holzbänke, dösten im Kirchenschiff. Vielleicht war ich für einen Moment eingeschlafen, ich öffnete die Augen noch nicht, aber versuchte mich zu orientieren. Es roch nach Weihrauch, Staub, altem Holz. Unter mir knarzte die Bank. Ich richtete mich fröstelnd auf. Meinen Vater konnte ich nirgends entdecken. Immer schneller lief ich durch den Gang, sah nach rechts und links in die Bankreihen, ob jemand dort lag, sich bewegte. Schaute auch in die Beichtkabinen, trat schließlich nach draußen. Die Helligkeit ließ mich zurückweichen, mein Herz pochte stark. Es war nicht das erste Mal, dass mein Vater plötzlich verschwand. Schon damals hatte ich auf abstrakte Weise begriffen, dass er die Panik in meinen Augen suchte, um sich selbst darin zu erkennen. Drinnen lief ich zum Altar, legte den Kopf in den Nacken. Ich schaute in die bunten Scheiben, mattes Licht rieselte herein. Rechts von mir, in einer kleinen Ausbuchtung, hockte eine hölzerne Statue von knapp siebzig Zentimetern. Auf ihrem Schoß saß das Jesuskind, und wie bei fast allen frühzeitlichen Darstellungen sah das Kind aus wie ein Mann, nur kleiner, ein Männlein, ein geschrumpfter Greis. Beide hatten sie den Blick starr nach vorn gerichtet, über die Köpfe der Gläubigen hinweg.

Noch nie zuvor hatte ich eine Schwarze Madonna gesehen. Ich betrachtete sie so lange, bis jemand die schwere Tür aufzog und ich an den Schritten hörte, dass es mein Vater sein musste. Er roch nach Rauch. Ich fragte ihn nicht, wo er gewesen war, stattdessen wollte ich wissen, warum diese Madonna so anders aussah als die anderen, die wir gesehen hatten. Dass das Material mit der Zeit nachgedunkelt war oder die dunkle Färbung durch Verrußung von brennenden Kerzen entstanden sei, erklärte er, genau wisse man es allerdings nicht. Mein Vater war Messdiener gewesen. Ich nahm an, er wusste, wovon er sprach. Als Kind nahm ich an, er wisse alles.

Es ist dieselbe Erklärung, die ich auf der Webseite einer Kapelle finde. In einem Wikipedia-Eintrag heißt es jedoch, dass mittlerweile berechtigte Zweifel geübt wurden; warum sollte ein Material wie – sagen wir – Holz, nur an Händen und Gesicht nachdunkeln? Wahrscheinlicher sei, dass eine große Zahl Schwarzer Madonnen mit den Kreuzzügen aus dem Nahen Osten nach Europa gebracht worden war und dass die christliche Madonna zu Teilen mit der Göttin Isis verschmolz, die oft als Schwarze Frau und Mutter dargestellt worden war.

Vielleicht ist das der Moment, in dem ich entscheide, dass dies eine Geschichte ist.

Ich rufe meine Mutter an und frage sie, ob es die Büste noch gibt. Die aus Ebenholz geschnitzte Frau, die ihr Bruder Lutz von seinem Arbeitsaufenthalt aus Nigeria mitbrachte. Sie bejaht. Ob ich sie vielleicht mal ausleihen könne. Sehr gern, sagt meine Mutter, ohnehin wüsste sie gerade nicht so recht, wohin damit. In letzter Zeit sei es ihr seltsam und sogar falsch vorgekommen, einen Menschen so viel tragen zu lassen, die ganzen Bücher und das all die Jahre, und überhaupt könne sie der Figur seit einer Dokumentation im Fernsehen über den transatlantischen Sklav*innenhandel nicht mehr in die hölzernen Augen sehen.

Ich stelle die Frau auf meinen Schreibtisch, rechts neben den Bildschirm. Dann passiert lange Zeit nichts.

Schließlich beginne ich die Suche auf einer Plattform für Ahn*innenforschung. Ich komme mir vor, als würde ich ein Orakel befragen, als ich *Benedetta Dagnin* tippe. Umso überraschter bin ich, als ich auf Anhieb einen Eintrag finde.

Benedetta Enriqueta Bertha Dagnin

Der spanisch anmutende Vorname verrät sie. Ich kenne ihn nicht und muss ihn mehrmals laut aussprechen. In weiteren Dokumenten taucht er als *Enrianeta* aber auch in korrekter Schreibweise als *Enriqueta* auf. Es ist unklar, ob sich der Fehler bei der Einspeisung des Dokuments in die Suchmaschine ergeben hat, ob die Technik versagte oder ob ein geistloser Beamter ihn kurzerhand abwandelte. Anhand weiterer Dokumente kann ich ablesen, dass meine Urgroßmutter im Laufe der Jahre Namen immer wieder gewechselt und abgelegt hat. Das letzte Dokument führt sie in einem Adressbuch von 1925 als

Bertha Dagnin, Beruf: Schankwirtin, Ehefr.

Nur zwei Jahre zuvor hatte sie laut Claus ihren zweiten Mann Max Walter Pilz geheiratet. Mein Großvater muss zu dieser Zeit acht Jahre alt gewesen sein. In jenem Alter also, als er den Schmuck seiner Mutter stahl, um die Klunker auf der Straße zu verkaufen. Er wusste nicht, welchen Wert er hatte. Benedetta hatte sich als alleinerziehende Mutter mit dem Verkauf von Antiquitäten über Wasser gehalten, aber den Schmuck, den sie von ihrem Vater geerbt hatte und der aus dem Nachlass von Mary Stuart stammen sollte, nicht angerührt. Selbstverständlich flog die Sache auf. Dein Opa, sagt Claus, war schon immer ein Ganove, damals eben ein noch nicht ganz ausgewachsener.

Als ich später meiner Mutter von der Anekdote erzähle, ist sie überrascht, dann verärgert. Diese Geschichte hat sie noch nie gehört. So ein Unsinn, sagt sie. Auf einmal tritt ihr Vater in eine neue Dimension ein; hier bekommt er Ecken und Kanten, ihre Erinnerung wirft Falten. Ich denke an meinen eigenen Vater und seine Camus'sche Lüge. Hätte ich ohne seine Schwester die Wahrheit je erfahren?

Was Benedetta über ihre Mutter wusste, waren ihre frühen Erinnerungen und die Erzählungen ihres Vaters. Ich stelle mir vor, wie er sie mit nur einem Wort hervorzaubern oder von der Bühne schubsen konnte. Heute weiß niemand den Namen von Benedettas Mutter, während an ihren Vater ein stattliches Grabmal auf dem Ohlsdorfer Friedhof in Hamburg erinnert.

Auf gut Glück tippe ich den Namen Kwelle Ndumbe in die Ahn*innen-Suchmaschine ein, und als ich keinen Treffer erhalte, suche ich nach Bismarck Bell. Auch ihn rief man mit unterschiedlichen Namen. Zu meiner Überraschung gibt es zahlreiche Bismarcks, mindestens so viele, wie es in Deutschland Bismarcktürme gibt, aber keiner trägt den Nachnamen Bell und stammt aus Kamerun. Dass es keine Einträge im Archiv gibt, mag daran liegen, dass die wenigsten Menschen aus den Kolonien die deutsche Staatsbürgerschaft erhielten, sondern Angehörige der Schutzgebiete blieben. Sobald Deutschland die Kolonien an Großbritannien und Frankreich abtreten musste, wurden sie staatenlos.

Ndumbes Spur verliert sich ebenso abrupt, wie er gerade zuvor aufgetaucht war. Ist er nach der Weltausstellung zurück nach Kamerun gereist? Oder blieb er, etwa wie Quane a Dibobe, der 1896 bei der Berliner Gewerbeausstellung, einer Form der Völkerschau, ausgestellt wurde, im Anschluss in Berlin, um als Zugführer zu arbeiten?

Angeblich hat Benedettas Vater, der nie mit ihrer Mutter verheiratet war, seine Tochter in Deutschland adoptiert. Allein deshalb hat sie die Staatsbürgerschaft bekommen. Allein deshalb kann ich sie heute überhaupt finden.

1942 hat Heinrich Himmler einen Zensus Schwarzer Menschen in Deutschland angeordnet, der aber nie umgesetzt wurde.

Ich frage mich: Wie hat meine Urgroßmutter überlebt?
   Die Büste steht und schweigt.

Du schreibst über deine Urgroßmutter, sagt mein Freund, das ist doch dein gutes Recht.
   Und was hat das alles mit dir zu tun, fragt Neda.
   Schreib die Geschichte, aber schreib ja nichts Falsches über mich, sagt meine Mutter.
   Geschichte besteht aus Geschichten, sagt das Archiv.

An einem Donnerstagmorgen steige ich in den ICE nach Hamburg. Er ist fast leer, dennoch lasse ich mich im Bordrestaurant nieder, direkt am Fenster. Zähle die Fettflecken auf der Scheibe. Es sind auch kleine dabei, wie von den Fingern eines Kindes.

Der Kellner bringt den Kaffee im Becher mit einem Ring aus Pappe an meinen Tisch.

Milch oder Zucker?

Ich schüttle den Kopf und schiebe ihm die abgezählten Münzen hin. Draußen zieht die Stadt vorbei, dann wird die Landschaft leer. Es ist Januar, und immer noch gibt es keinen Schnee. Schließlich geht die Sonne auf, der Himmel leuchtet violett. In der Zeitung habe ich vor wenigen Tagen Fotos von München im Mai gesehen, sie zeigten apokalyptisch anmutende Straßenszenen. Alles war in Rot und Ocker getaucht. Der Himmel leuchtete, als stünde er in Flammen. In der Bildunterschrift hieß es, Südwestwinde trügen Staub aus der Sahara nach Nieder- und Oberbayern. Wenn es dann regnete, löste sich der Staub aus der Luft und setzte sich auf Autodächer und Straßen. Man nenne dieses Phänomen Blutregen.

Ein Wind also, der die Kontinentalplatten verbindet.

Im Mittelalter hätte man den roten Regen für ein böses Omen gehalten. Auch in Togo hatte man während des Harmattans zum Jahreswechsel davon gesprochen, dass er einen seltsamen Gemütszustand auslöse. Der Bibliothekar hatte gewarnt, in dieser Zeit solle man keine Entscheidungen treffen. Den Menschen falle es schwer, einen klaren Gedanken zu fassen. Hände und Füße wurden rissig. Tagsüber trug ich wie die Mitarbeiter*innen Socken in Flip-Flops, nachts schmierte ich mir die Füße mit Kakaobutter ein. Während des Harmattans befreiten wir die Bücher in der Bibliothek fast täglich von einer feinen Schicht Sand. Er haftete nicht nur an Körpern und Büchern, sondern ließ alles überdeutlich hervortreten. Vielleicht, denke ich jetzt, ist es umgekehrt: Vielleicht ist das der Moment, in dem die Dinge Kontur annehmen und Zusammenhänge sichtbar werden, bevor sie für den Rest des Jahres wieder verschwinden.

In Hamburg angekommen, empfängt mich eine feuchte Gleichgültigkeit. Ich folge der angezeigten Route auf meinem Handy und merke erst an der blauen Farbe, die immer mehr Raum auf dem Display einnimmt, dass zu meiner Linken der Hamburger Hafen liegen muss; jener Ort, an dem meine Urgroßmutter zum ersten Mal deutschen Boden betrat.

Das Bild: Ein Mädchen von ungefähr fünf Jahren, gerade getrennt von der eigenen Mutter, ihren beiden Geschwistern. Es drängt sich die Frage auf, wie freiwillig dieser Aufbruch in ein neues Leben gewesen sein mag. Immer wieder fällt die Begründung, Benedetta sei das Lieblingskind ihres Vaters gewesen. Das Wort fällt wie ein Lichtschwert auf ihre kleinen Schultern nieder.

Ich versuche einen Blick auf das schimmernde Grau der Elbe zu erhaschen, aber die Zufahrten und Wege zum Wasser sind als Privatgelände markiert. Ein Schiffsdampfer gibt ein Signal. Aus irgendeinem Grund hat das Mädchen in meiner Vorstellung ihren Blick nicht auf das nahende Land gerichtet, sondern kehrt ihm den Rücken; es schaut zurück. Die Wintersonne fällt fahl durch die Wolken. Ein paar Möwen kreisen über ihrem Kopf.

Claus ist viel kleiner, als ich ihn mir vorgestellt habe. Er wirkt empfindlich. Nicht wie ein älterer Herr, sondern ein Junge, der einmal quer durch die Zeit gegangen ist. Auch der Laden ist anders als erwartet. Ich hatte zuvor ein sehr klares Bild: vollgestopft bis oben hin mit nur wenig Licht. Ich sehe mich um. Die sehr teuer aussehenden Möbel und Lampen sind effektvoll arrangiert wie in einem Museum. Claus steht in einer Bahn von Sonnenlicht, die durch das Fenster fällt, und reicht mir zur Begrüßung die zarte Hand.

Ich habe Kuchen mitgebracht, Pflaume, er ist schon ein bisschen matschig geworden oder war es von vornherein, was mir unangenehm ist. Claus holt Teller und Gabeln, er kocht einen starken Espresso, erst dann setzen wir uns an seinen Schreibtisch, auf dem stapelweise Papiere liegen, und beginnen das Gespräch.

Was willst du wissen?

Hatte Benedetta nicht auch ein Geschäft mit Antiquitäten, frage ich. Claus stockt. Er staunt. Ist ihm die Parallele noch nie aufgefallen?

Nachdem sie sich von ihrem ersten Mann scheiden ließ, war sie quasi mittellos. Mit den drei Kindern, sagt er. Ihr Vater war noch vor der Hochzeit gestorben, es gab keine Verwandtschaft. Sie hat den Hausrat verscherbelt, schätze ich. Sie kam ja aus gutem Hause; aber ein Geschäft wie dieses, er schüttelt den Kopf, nein, wohl kaum.

Ich nicke.

Claus trinkt einen Schluck, den Kuchen rührt er nicht an. Er hat es mit dem Magen, erklärt er mir später. Reflux. Der Kaffee ist eine schlechte Angewohnheit, aber er kann nicht ohne.

Vor vielen Jahren, setzt Claus an, habe seine Schwester Mona im Urlaub auf den Kanaren eine ältere Dame kennengelernt. Ein Zufall von der Art, wie er nicht häufig passiert. Beide waren in Las Palmas aus demselben Flugzeug gestiegen, fanden aber erst ins Gespräch, als sie sich im Hotelrestaurant wiederbegegneten. Sie hatten sich auf Anhieb gut verstanden, reisten allein, und sich so zum gemeinsamen Abendessen verabredet. Weil die Frau aus Hamburg kam, sagte Mona, dass auch ein Teil ihrer Familie aus dieser Stadt stamme. Ihre Großmutter Benedetta, um genau zu sein. Sie wisse nicht viel von ihr, aber sie habe wohl mit ihrem Vater, einem Kaufmann, in einer prächtigen Villa an der Außenalster gelebt. Im Fortgang des Gesprächs stellte sich dann heraus, sagt Claus, dass die ältere Dame als junges Mädchen an den Sonntagen regelmäßig ihre Großeltern besuchte, die im selben Viertel wohnten wie Benedetta mit ihrem Vater. Beide waren zu diesem Zeitpunkt jung, vielleicht vierzehn, vielleicht auch etwas älter. Die Frau erzählte, dass sie damals fasziniert gewesen sei. Wann immer sie das Mädchen erspähte – und oftmals ging sie Umwege, trödelte herum, um ihr zu begegnen –, wurde das Mädchen von zwei

Bodyguards begleitet, einer rechts, einer links von ihr. Um sie zu schützen? Aber vor wem? Oder sollte sie nicht ausbüchsen, musste sie gewissermaßen bewacht werden? Solche Fragen habe sie sich damals als Mädchen gestellt. Genau genommen habe sie erst kürzlich wieder daran gedacht, als ihr eine Fotografie vom Haus der Großeltern in die Hände gefallen war. Das Mädchen sei eine Erscheinung gewesen in diesem weißen Kleidchen mit Spitze, aber an Kopf, Armen und Beinen ... *eine dunkle kleine Person*. Und die Haare, kurz und lockig, so etwas hatte sie vorher noch nie gesehen.

Aber, sagt Claus jetzt, ich weiß nicht, ob das stimmt. Vielleicht handelt es sich bei diesem Mädchen auch um jemand anderen. Vielleicht war ihre Phantasie mit ihr durchgegangen. Diese Geschichte mit den Bodyguards. Er schüttelt den Kopf, kichert ein wenig.

Er wirkt ganz anders, wie er hier sitzt. So schmal und gar nicht mehr selbstsicher. Ich denke, warum erzählt er mir diese ganzen Details, nur um sie dann umgehend in Frage zu stellen?

Zwischen den Schemen der Geschichte steigen Bilder auf; losgelöst aus der Zeit, die ich zu kennen glaube. Zwei Mädchen, die Freundinnen hätten werden können. Eine Kindheit in Wohlstand, in Einsamkeit. Ich sehe das Mädchen, das dazugehören will. Das Frauen in ihren schönen Kleidern studiert, die manchmal kommen und ihr eine kleine Sünde zustecken. Was Süßes, das zwischen den Zähnen kleben bleibt. Wie sie gehen, sich beim Lachen die schmale, blasse Hand vor den Mund halten. Sie streifen die Wange der Kleinen. *Mit den Haaren müsste man ...* Da spitzt die Erwachsene, die das Mädchen beinahe ist und die schon ahnt, dass sie niemals dazugehören kann, die Ohren.

Die Maske fällt, und dahinter steht die Angst.

Ich sehe einen Vater, der das Kind beschützen will. Vielleicht will er es auch bloß für sich allein. Der sagt, solang du bei mir bist, wird dir nichts fehlen.

Ist das die Geschichte?

Claus ergänzt: Unsere Mutter hat immer erzählt, dass die Oma Benedetta das Haus ihres Vaters nicht verlassen durfte. Benedetta wurde in der Villa von einem Hauslehrer unterrichtet, auch im Klavierspiel. Sie sprach mindestens drei Sprachen.

Während meine Mutter ihre Großmutter nie getroffen hat, kann Claus eine Erinnerung abrufen. Das war kurz nach dem Krieg, sagt er. Da habe seine Mutter ihre Mutter zu sich geholt. An den Abenden zog sich die Omi Benedetta aus, behielt nur ein lachsfarbenes Mieder an. Wir Kinder standen am Türrahmen, drückten uns dort herum, bis sie uns zu sich rief. Kein Rufen im eigentlichen Sinn, nur ein Klopfen auf die Oberschenkel, ganz sachte. Das war das Zeichen, dass wir auf ihren Schoß hüpfen durften, um kurz vorm Zubettgehen mit ihr zu kuscheln.

Er schweigt. Claus scheint etwas abzuwägen. Ihm fällt eine dünne Strähne in die Stirn. Daneben die diskrete

Andeutung einer Narbe. In einem Moment wie diesem trifft mich die Erkenntnis mit voller Wucht: Wir kennen uns nicht.

Niemand wusste, was mit ihr geschehen war. Sie wirkte gebrochen, alt. Sie war erst Ende fünfzig. Sein Vater habe Andeutungen gemacht. Er habe gesagt, dass ihr Mann, der Pilz, nicht ganz sauber war. Selbst nachdem Pilz nicht aus dem Krieg zurückgekehrt war, schärfte Omi Benedetta ihnen, den Kindern, immer wieder ein, die Tür abzuschließen, wenn sie aufs Klo mussten. Er habe nichts davon verstanden, er war zu klein. Aber später sei es ihm klargeworden.

Claus schweigt. Dann räuspert er sich.

Du solltest auch mit meiner Schwester sprechen. Vielleicht kann Mona sich an andere Dinge erinnern.

Er notiert auf einem Stück Papier ihre Nummer.

Dann bietet er an, mir den Laden zu zeigen. Offenbar hat er gesagt, was er weiß. Das Tageslicht ist ausgedünnt, er knipst die Deckenbeleuchtung an. Das Wichtigste, sagt er, ist Licht. Die wenigsten wissen das. Ohne das richtige Licht ist das schönste Möbelstück, das wertvollste Bild fehl am Platz.

Im Übrigen hasse er diesen Satz: Möbel mit Geschichte, wahrscheinlich gerade weil er in seiner ganzen Profanität wahr sei. Alle Objekte, die ich hier sehen könne, hätten bereits ein Leben bezeugt. Mindestens. Er sei nicht spirituell, aber er glaube doch daran, dass die Dinge, mit denen wir uns umgeben, einen gewissen Einfluss auf uns haben, ganz unabhängig davon, ob wir die Geschichte nun kannten oder nicht.

Er habe einen Freund, Matteo nenne der sich als Verkäufer im Internet. Claus kräuselt die Nase. Kleinanzeigen. In Wirklichkeit hieße er Murat, aber die Geschäfte liefen besser, wenn er sich als Italiener ausgebe. Manchmal kaufe ich Murat etwas ab, sagt Claus. Er hat ein gutes Händchen bei Haushaltsauflösungen.

Wir rauchen dann eine Zigarette vor dem Laden, trinken im Sommer einen schwarzen Tee. Neulich sagte Murat, wie seltsam es ist, dass wir Deutschen so eine Obsession für Herkunft haben, wenn es um ihn und seine Leute geht, aber nie auch nur ein Hahn nach der Geschichte der Objekte kräht, die er jeden Tag verkauft. Irgendwann, lange nach seiner Schulzeit, sei ihm aufgegangen, wie viele Objekte eigentlich den Nationalsozialismus überlebt und nur die Besitzer*innen gewechselt hatten. Die Deutschen hätten sicher genommen, was sie bekommen konnten. Später waren die Objekte vererbt worden, als Familienbesitz.

Claus stockt. Apropos, ich habe ja etwas für dich, nur wenn du willst natürlich. Einen Serviettenring aus Silber mit den Initialen deines Urgroßvaters, Benedettas Mann. Dem Franz Albrecht; interessiert?

Doch, natürlich. Ich bin überrascht von dieser plötzlichen Wendung.

Er verschwindet im Lager, einem fernen Zimmer.

Mein Zug geht in einer halben Stunde, ich habe noch so viele Fragen und verabschiede mich etwas zu hastig, als Claus mit dem in Zeitungspapier geschlagenen Ring zurückkommt.

Danke schon mal, für alles.

Nein, aber wofür. Wir sind doch Familie. Claus packt mir noch schnell den Pflaumenkuchen ein. Für die Fahrt.

Als ich im Zug in den Rucksack greife, klebt Zucker zwischen den Seiten meines Notizbuches.

Ich notiere, überfliege Mails auf meinem Handy. Neda hat mir eine Kurzgeschichte von Nadine Gordimer als Scan geschickt. Darin geht es um einen alternden *weißen* Professor in Südafrika, der Teil der Anti-Apartheidsbewegung gewesen war und sich in den Semesterferien nun auf die nicht sehr aussichtsreiche Suche nach mutmaßlich Schwarzen Verwandten macht. Auf der ersten Seite hat Neda eine Passage unterstrichen.

Früher gab es Schwarze, die weiß sein wollten.
Jetzt gibt es Weiße, die schwarz sein wollen.
Es ist dasselbe Geheimnis.

In allen Geschichten kommt früher oder später der Plot-Twist. Im Fall Dolezal sieht er so aus: Eine Frau steht vor der Kamera eines lokalen Nachrichtensenders im Staat Washington, man sieht nur die abgeschnittene Hand des Reporters, der ihr ein Mikrophon hinstreckt, damit immer weiter aufrückt, ihr auf den Leib, als wäre es eine Waffe, die in Wirklichkeit seine Frage ist:

ARE YOU AN AFRICAN-AMERICAN?

Die Frau schweigt, antwortet dann stockend und vermutlich nur, um die unbeschreibliche Verwüstung in ihrem Gesicht zu überspielen: I DON'T UNDERSTAND THE QUESTION. Aber natürlich versteht sie die Frage, es ist eine einfache Frage; oder etwa nicht? Als der Reporter nachsetzt, ARE YOUR PARENTS WHITE, ist sie bereits aus dem Bild verschwunden, nur das Mikrophon schwebt noch dort, wo es war, genau in der Mitte des Bildes, und provoziert damit etwas Gespenstisches. Rachel Dolezal, zum Zeitpunkt dieses Interviews im Jahr 2015 für die Lokalnachrichten der US-amerikanischen Stadt Spokane noch Präsidentin der National Association for the Advancement of Colored People (NAACP), einer der ältesten und einflussreichsten Bürgerrechtsbewegungen für die Rechte von Afroamerikaner*innen, ist aus dem Bild verschwunden. Die öffentliche Person, die sie für mindestens eine Dekade war, ausgelöscht. Eine Dekade: So lange hatte sie sich als Afroamerikanerin ausgegeben, selbst in offiziellen Dokumenten, und sich so als *authentische* Sprecherin inszeniert.

In der intimsten und vielleicht stärksten Szene der Dokumentation *The Rachel Divide* begleitet die Zuschauerin Dolezal ins Badezimmer. Unter dem gelben Licht beugt sie sich über ein Waschbecken, nässt sich die Haare und entfernt dann mit einer kleinen, spitzen Schere Strähne für Strähne ihre Extension, bis nur noch Stoppeln stehen bleiben. Sie sieht müde aus, die Kämpfe haben Spuren hinterlassen, aber sie wirkt auch zäh. Für einen atemlosen Moment hält die Zuschauerin es für möglich, ja, sie wünscht es ihr sogar, nachdem alle – selbst ihre Söhne – wollen, dass sie nachgibt, sich bekennt, einen Fehler eingesteht.

ARE YOU AN AFRO-AMERICAN?

Aber sie ist zu weit gegangen, um jetzt einzuknicken. Nur wenige Sekunden später trägt sie wieder Locken, eine andere Farbe, nur eine weitere Perücke.

I IDENTIFY MYSELF AS BLACK.

Diese Rachel Dolezal mit den geflochtenen Haaren ist eine Figur, die sie selbst geschrieben hat. Wenn sie von ihrem Werdegang erzählt, macht es den Eindruck, Dolezal hätte diese Figur zunächst hin und wieder anprobiert, wie eine Rolle, ein Kostüm, aber irgendwann dann hat sie aufgehört zu spielen, es nicht mehr ausgezogen.

Eine der interviewten Frauen, Kitara Johnson, die Dolezal aus dem NAACP-Zusammenhang kennt, sagt rückblickend, auf ihr erstes Zusammentreffen bezogen, grinsend in die Kamera:

I DIDN'T WANT TO BE MEAN, BUT I WAS LIKE: THIS WOMAN LOOKS LIKE A WHITE WOMAN IN A BLACK WOMAN'S WIG.

Es ist leicht, den Fall Dolezal als Psychogramm einer zutiefst gestörten Frau zu lesen, die nie über das Trauma ihrer Kindheit hinweggekommen ist. In fast keinem Artikel über sie fehlt das Detail von Jesus, dem Geburtshelfer, der von ihren leiblichen Eltern in Montana handschriftlich in dem Kasten vermerkt wurde, der normalerweise für den Namen der begleitenden Hebamme vorgesehen ist.

Wie in allen anderen Geschichten gibt es auch in diesem Fall eine Vorgeschichte: die Eltern, fanatische Christen. Nach der Geburt ihrer zwei leiblichen Kinder – Rachel hat einen älteren Bruder – adoptieren sie weitere Kinder, die allesamt Schwarz sind. Von den Eltern und auch dem Bruder werden diese Kinder missbraucht. Eines davon, Izaiah, wird Dolezal, die zum Zeitpunkt der Adoption bereits jugendlich ist, später selbst als ihren Sohn annehmen, um ihn aus der Hölle des eigenen Elternhauses zu befreien. Fotos von damals zeigen sie als blond und unscheinbar, irgendwie zugeknöpft. Rüschenbluse und Trachtenrock, Sommersprossen im Gesicht. In einer Szene kommentiert sie:

I'M NEVER GONNA BE THAT 12-YEAR-OLD-LOOKING, 18-YEAR-OLD WHITE GIRL IN MONTANA AGAIN, WEARING AMISH DRESSES.

Ich fühle mich ertappt. Oder besser: mein 14-jähriges Ich tut das. Im Klassenraum sitze ich ganz hinten, neben mir Claudia und vor uns Marlene. Ihre langen, dunkelblonden Haare sind zu glatt, weshalb wir mit den gespitzten Minen unserer Bleistifte konzentriert versuchen, ihre Haarstruktur aufzubrechen, anstatt Matheformeln in unser Heft zu übertragen. Lotte hat im Internet recherchiert; sie sagt: Du musst Honig nehmen, sonst hält es nicht. Wir drehen und zwirbeln, wir filzen, und am Ende der Stunde hat Marlene oben glatte Haare, unten Dreads.

Natürlich sieht es nicht aus wie erhofft, nicht mal halb so cool wie bei Lauryn Hill auf dem Plakat der *The-Miseducation-of-Lauryn-Hill*-Tour, das als einziges bis zum Auszug in meinem Jugendzimmer hängen bleibt.

Es gab diese Zeit, in der wir uns bunte Blumen aus Plastik – pink, gelb, blau – ins Haar klemmten, die wir vorher bei H&M geklaut hatten. Wir wollten aussehen wie die Südseefrauen von Gauguin, die wir im Kunstunterricht hinsichtlich Maltechnik und Epoche analysieren mussten.

Erst heute lese ich, dass Gauguin, der im Juni 1891 im Hafen von Papeete landete, enttäuscht gewesen war, weil er nicht fand, wonach er gesucht hatte. Seine Tahiti-Bilder ergänzte er um Zitate von Kultstätten aus Indien, Afrika und den Osterinseln. Auch die Werke europäischer Reisezeichner im 18. und frühen 19. Jahrhundert, die oft die Reiseberichte der Europäer*innen in Übersee illustrierten, zeigten etwas Unwirkliches, da sie jeweils nur aufgrund von Beschreibungen gefertigt wurden. Details mussten aus der Phantasie ergänzt werden. In der Praxis wurden sie oft aus anderen Reisezeichnungen übernommen und eklektisch zusammengestellt. An den Abbildungen verschiedener Völker erkenne man, schreibt der Ethnologe Fritz Kramer, vor allem die Herkunft des Malers selbst.

Infolge des Enthüllungsskandals stützt Rachel Dolezal sich zunehmend auf ein wirres Erklärungsmuster: Sie möchte ähnlich zu dem Konzept transgender auch ein Konzept wie transrace etablieren. Sie, Rachel Dolezal, habe sich schon immer als Schwarz empfunden, sagt sie vor der Kamera. Sich selbst habe sie stets mit braunem Stift gemalt und nicht, wie die anderen *weißen* Kinder, mit pfirsichfarbenem. Diese Erzählung werden ihre Eltern später in Frage stellen. Sie werden sagen, Rachel habe sich in ein Lügenkonstrukt verstrickt, aus dem sie nun keinen Ausweg mehr finde; sie wüssten nicht, warum genau, nur, dass es pathologisch sei.

Dass auch die Aussage der Eltern problematisch ist und nur eine mögliche Version der Wahrheit darstellen kann, ahnt man spätestens, wenn es um den von anderer Seite eingebrachten Vorwurf geht, dass sie vorsätzlich und mit Hilfe eines Privatdetektivs die Glaubwürdigkeit ihrer Tochter untergraben wollten. Im Prozess gegen ihren leiblichen Bruder Joshua Dolezal will Rachel aussagen; er soll eine adoptierte Tochter, Esther, sexuell missbraucht haben. Wie so oft in der Geschichte ist der Skandal auch ein Instrument, um einen anderen zu vertuschen. Bis zum Ende der Dokumentation wird es nicht zum Prozess kommen.

In meinem Kopf haben sich unlängst die offenen Enden verschiedener Erzählungen zu einem so festen Knoten verschlungen, dass ich nicht weiß, wie ich das alles jemals wieder voneinander lösen soll.

Vielleicht hätte ich methodischer vorgehen sollen, sage ich zu Niko, als wir gemeinsam Mittag essen. Er hat Fisch gemacht, dazu Salat.

Wer was gesagt hat, notieren, weshalb und wann. Ob ich es mir nur ausgedacht habe. Es kommt nämlich vor, sage ich, dass ich einen Einfall habe, einen Gedanken fasse, auf den ich sogar stolz bin, und dann spreche ich kurz darauf mit meiner Mutter, und es stellt sich heraus, dass es sich wirklich so zugetragen hat und ich mich fragen muss, ob ich einfallslos bin oder es doch etwas gibt, das zwischen den Dingen wirkt, ihre Beziehungen organisiert, eine Art Wissen, das – ohne dass wir je darüber gesprochen hätten – existiert.

Niko nickt und kaut. Er hängt seinen eigenen Projekten nach, ich kann es ihm nicht übel nehmen. Ich esse, als könnte ich so das riesige Loch in meinem Bauch stopfen, obwohl ich gar nicht hungrig bin.

Gleiches, sage ich, gilt auch umgekehrt. Meine Mutter hat mir – das erste Mal als wir über ihn sprachen – erzählt, der Pilz, der zweite Mann Benedettas, sei Bildhauer gewesen, dabei stellt sich nun heraus – Überraschung! –, er war in Wirklichkeit Graveur. Kein Künstler, eher ein Kunsthandwerker. Das macht doch einen Unterschied. Er verzierte Teller aus Metall, zum Beispiel. Und als ich ihr widersprechen wollte, sagte sie entrüstet: Aber das hast du mir doch erzählt, mit dem Graveur. Dabei wusste ich nicht einmal, dass es diesen Beruf überhaupt gibt, verstehst du?

Mein Vater hat seine große Schwester Hedi sehr geliebt, erzählt meine Mutter. Wahrscheinlich hat er mich deshalb nach ihr benannt. Ein Foto zeigt meinen Opa und seine Schwester in gemusterten Bademänteln auf einer Lichtung stehen, im Hintergrund ein Birkenwäldchen. Unter Hedis linken Arm klemmt ein Ball. Das lockige dunkle Haar ist zu zwei mädchenhaften Zöpfen gebunden. Zwischen die beiden passt kein Blatt. Mein Opa hat seiner Schwester das Gesicht zugewandt, die Hand am Herzen. Wo war ihr ältester Bruder Rudolf, als das Foto aufgenommen wurde? Hat er das Bild gemacht?

Vielleicht waren sie an einem Badesee, mutmaßt meine Mutter. Ein Ausflug. Sie wirken so gelöst, findest du nicht?

Wir sitzen in unserer quadratischen Küche und trinken Kaffee aus kleinen Gläsern. Es ist der einzige Raum, der nie verändert wurde über die Zeit; seit meiner Kindheit dieselben Stühle, das schmutzige Buttergelb an einer der Wände, ein ausgeschnittenes Bild von Fred Astaire, auf einer Ablage stapelt sich buntes, angeschlagenes Geschirr. Im Rest der Wohnung gibt es kaum alte Möbelstücke. Wenn wir etwas brauchten, fuhren wir zu Ikea oder, schlimmer noch, Möbel Höffner oder Domäne, wo die Gerüche nach quietschendem Plastik oder Pressspan eine Art Unberührtheit behaupteten. Und das war ein Wert an sich. Niemand hatte in unseren Betten geschlafen, niemand von unseren Tellern gegessen. In einem Streit, den ich später sehr bereute, sagte ich einmal: Ihr habt einfach keinen Geschmack.

Man sagt, die Erinnerung gleicht einem Raum, und je nachdem, von wo man ihn betritt, aus welchem Winkel man auf das Ereignis schaut, ist der Blick beschaffen.

Frage: Wo stehe ich in diesem Raum? Ist es überhaupt möglich, ihn aus einer anderen Richtung als der Gegenwart zu betreten?

Zu seinem Bruder Rudolf habe mein Opa kein gutes Verhältnis gehabt. Von ihm weiß sie nicht viel, sagt meine Mutter. Man sprach nicht über ihn. Er starb halt als junger Mann im Krieg. Als Nazi. Und über Tote soll man nicht schlecht sprechen, oder?

Wo ist er denn gestorben, frage ich.

Ostfront, Genaueres weiß ich nicht. Er soll sich allerdings kurz zuvor bei einem Heimaturlaub mit Benedetta ausgesöhnt haben.

Worüber hatten sie gestritten?

Ich weiß es nicht.

Später bringe ich sie doch dazu, Mutmaßungen anzustellen. Rudi sollte ein Titel verliehen werden, er hätte von der SA in die SS aufsteigen sollen, aber dafür hätte er einen *Ariernachweis* erbringen müssen.

Woher hätte Benedetta den nehmen sollen, sagt meine Mutter.

Sofort stelle ich mir Rudi als strammen blonden Burschen vor, und natürlich gibt es kein Foto, das dem widersprechen könnte. Wie einfach es ist, das Böse in einen Toten hineinzulegen. Es auf diese Weise wegzulegen, einzusperren.

1935 sei ihr Vater im Gefängnis gewesen; ich weiß nicht genau, weshalb, sagt meine Mutter. Vielleicht hatte er sich widersetzt. Vielleicht einfach nur einen Scherz gemacht. Eine Dummheit. Irgendjemand sagte mal, es habe sich alles um eine Frau gedreht, eine ältere, die mein Vater haben wollte und die im Gegenzug kleine Geschenke verlangte. Dafür brauchte er Geld, was er nicht hatte. Er hat nie einen Hehl draus gemacht, dass er die Nazis nicht leiden konnte, sagt meine Mutter, er hat sich über sie lustig gemacht, auch öffentlich, auf der Straße, trotzdem war er nicht im Widerstand organisiert gewesen. In dieser Geschichte jedenfalls wurde er zusammen mit einer Gruppe Gefangener die Straße entlanggetrieben, möglich, dass er eine Strafarbeit verrichten musste. Auf der anderen Seite marschierte die Hitlerjugend und unter ihnen Rudi. Jedenfalls erzählte man ihr, sagt meine Mutter, dass ihr Vater mit seiner sehr lauten Tenorstimme über die Straße hinweg geträllert habe: Rudi, hallo, Rudi. Mensch, ich bin es doch, Kurtie, dein Bruder.

Wie ich in diesem Zusammenhang ausgerechnet über das Wort Mensch erschrecke.

1935 ist das Jahr, in dem Wilhelm Frick zum ersten Mal öffentlich Schwarze und Sinti und Roma *fremdblütig* nennt. Es ist das Jahr, in dem die Nürnberger Gesetze erlassen werden.

Eine Szene wie aus einem Hollywoodfilm; der eine Sohn spaziert mit den Nazis, der andere in den Knast. Ich bezweifle, dass sie so stattgefunden hat, was nicht heißt, dass sie weniger wahr ist. Genau wie die Anekdote über die Partituren, die mein Opa Kurt in Verwahrung las. Er wollte Opernsänger werden, heißt es, er hätte Opernsänger werden können. Der Kreuzchor hatte ihn für ein Stipendium zugelassen, aber aus Stolz – so sagt meine Mutter – hätte Benedetta diese finanzielle Unterstützung abgelehnt.

Und Hedi, frage ich, wo stand sie?

Hedi hatte einen Pfarrerssohn geheiratet, der unter anderem sehr gut Englisch sprach, was den Alliierten gefiel. Nach dem Krieg ging es für sie steil bergauf, sagt meine Mutter, während mein Vater und meine Mutter vor dem Nichts standen. Oder dem Fast-Nichts.

In Leipzig wollten sie nicht bleiben. Das Geschäft meines Vaters, um Kohle zu pressen, wurde sabotiert. Die Kommunist*innen waren hinter ihm her, aber auch im Westen wanderte er erst mal in Untersuchungshaft. In Düppel-Süd, Berlin-West, einem Erstaufnahmelager für Geflüchtete, kam Lutz zur Welt. In Berlin war es zu voll, es gab zu wenig Wohnraum. Kurts Frau Ellie wollte nach Bayern, in die Berge. Kurt hingegen träumte davon, auszuwandern. Nach Kanada, weit weg. Stattdessen landeten sie in einem winzigen Bauerndorf in Rheinland-Pfalz. Dort wurde ich Ende der fünfziger Jahre geboren, sagt meine Mutter.

Eine sanfte Landschaft. Es roch nach Apfel und Kartoffel. Eine Straße, von Autos kaum befahren und dazwischen immer wieder die Trümmergrundstücke, seit Kriegsende verlassen, in denen ich als Kind Stunden zubrachte.

Die Eltern haben hier einen Zeitschriftenvertrieb. Einmal im Monat fährt die ganze Familie zum Bahnhof, um in einer Kette die neuen Ausgaben abzuladen. Zur Belohnung bekommen meine Mutter und ihr Bruder zwanzig Pfennig zugesteckt. Das Wort Faschismus hörte sie zum ersten Mal mit neun Jahren, als im Fernsehen der Eichmann-Prozess übertragen wurde.

Sie erinnere sich noch, erzählt meine Mutter, wie Hedi sie einmal besuchen kam, mit Claus und Mona im Schlepptau. Es sei absurd gewesen, sie hatten ja nichts gehabt außer diesem Zimmer und ein paar Hühnern, und dann rauschte Hedi auf den Hof mit ihrem neuen Auto, kirschrot war es, diesen hübsch angezogenen Kindern und einem kleinen Hündchen. Kein Hund vom Dorf, kein Nutztier, das Hof und Gut bewachen kann, sondern ein Schoßhündchen. So etwas muss man sich leisten können. Hedi habe außerdem einen Sack voller Kleider dabeigehabt, und schon damals, sagt meine Mutter, habe sie ein Gefühl von Unterlegenheit gespürt; jemand wollte ihnen Almosen spenden, im Gegenzug hatte sie tiefe Dankbarkeit zu empfinden, was sie wütend machte. Sie hasste die Kleider; obwohl sie wunderschön waren, das war nicht das Problem. Es war eine kalte Wut, die sie überkam, jedes Mal, wenn ihre Mutter ihr eines dieser Kleidchen versuchte überzustreifen.

Seit einigen Wochen schon schmerzt mein Handgelenk, ich habe versucht, das zu ignorieren, aber nun ist es so schlimm geworden, dass mir sogar das Schreiben am Computer schwerfällt. Die Heilpraktikerin, eine ausdrückliche Empfehlung meiner Mutter, wirft einen beiläufigen Blick auf den schmerzenden Knubbel, fragt: Sie sind Autorin, haben Sie gesagt. Dann lehnt sie sich zurück.

Sie schweigt.

Ich schweige.

Wir sehen uns an wie zwei Menschen, die sich nicht besonders sympathisch sind.

Ob mir klar sei, was mein Körper mir hier versuche zu erzählen. Ich zucke etwas zusammen. Seit ich die Praxis betreten habe, beschleicht mich das Gefühl, etwas Entscheidendes verpasst zu haben.

Ich arbeite zu viel, stelle ich eine vorsichtige Vermutung an. Meine Stimme ist brüchig, ich hätte gern eine Creme, einen Verband, irgendeine läppische Diagnose.

Unser Körper erinnert sich an alles, sagt sie streng.

Ich nicke, obwohl ich nicht sicher bin, was sie damit sagen will.

Sie wollen das jetzt nicht hören, sagt die Frau, aber Sie müssen sich mit den Ursachen beschäftigen, alles andere bekämpft nur das Symptom. Sie sind nicht blöd, das sehe ich doch, Sie wissen, was Sie zu tun haben.

Ich weiß es nicht und fühle mich trotzdem geschmeichelt. Ich frage mich, ob sie das allen ihren Patient*innen sagt. Fürs Erste will ich den Raum verlassen, aber die Frau scheint mit mir noch nicht fertig zu sein.

Früher, sagt sie, habe man mit einem Hammer einfach

draufgehauen. Sie müssen sich das vorstellen wie einen kleinen Ballon, in den aus einer kranken Sehne oder einem Knorpel Flüssigkeit läuft. Manchmal platzt der Ballon von allein, aber meistens füllt sich dann der Beutel wieder und wieder. Keine Angst, sagt sie, es ist auf keinen Fall bedrohlich. Meistens wird es von allein besser.

Und wenn nicht?

Haben Sie schon einmal von transgenerationalen Traumata gehört?

Ich nicke. Ein Modethema, oder, und beiße mir gleich darauf auf die zu trockene Zunge. Die Frau wirkt nicht, als könnte sie in diesem Moment über sich selbst lachen.

Tja, sagt sie. Ob Sie nun daran glauben oder nicht, unsere Vorfahr*innen sind Teil unserer DNA. Unsere Zellen haben ein Gedächtnis, das drei Generationen zurückreicht. Wir sind miteinander verbunden. Niemand existiert allein.

Aber was hat das mit meinem Handgelenk zu tun?

Stellen Sie sich das vor, drei Generationen. Haben Sie schon einmal über eine Familienaufstellung nachgedacht? Es geht darum, herauszufinden, was Ihr Körper mit sich ausmacht. Ohne Ihr Wissen.

Und wenn ich wirklich einfach überlastet bin?

Dann gehen Sie zu einem Orthopäden, der Ihnen den Beutel aufstechen wird, und hoffen darauf, dass die Schmerzen vergehen.

Sie verschreibt mir ein Medikament, Globuli, das ich nicht kaufe, und eine Arnikasalbe, die zumindest gut riecht.

Ein bisschen beunruhigt mich dieser Zufall schon, sage ich später zu Niko. Ausgerechnet jetzt, da ich die Geschichte meiner Familie recherchiere. Als hätte ich die Geister selbst gerufen und damit irgendeine Ordnung gestört.

Manchmal vergesse ich auch, dass die Büste überhaupt dort steht, fast vollständig verdeckt von Büchern, Papieren, leeren Kaffeetassen. Wenn mein Blick auf sie fällt, erschrecke ich.

Vor einigen Jahren, ich war hochschwanger mit Billie, stieß ich auf dem Südwestkirchhof bei Berlin auf das Grab von Adolf Bastian. In meinem Studium hatte ich ihn als einen der Gründungsväter der Ethnologie und Begründer des Museums für Völkerkunde kennengelernt. Wir waren zufällig dort gelandet, Niko und ich. In den letzten Wochen vor der Geburt fuhren wir oft ins Umland, um uns das Warten zu verkürzen. Billie kam und kam nicht. Das Gasthaus hatte geschlossen. Niko schlug vor, die Kirche anzuschauen, aber auch sie war verschlossen. Immer wieder krampfte mein Bauch, aber sonst passierte nichts. Es hatte geschneit, es war eiskalt, der polierte Stein eigentlich unscheinbar. Allein die Angabe des Sterbeortes, Trinidad im Jahr 1905, hatte mein Interesse geweckt. Also blieben wir stehen.

Ein Vierteljahrhundert, erzählte ich Niko, hatte Bastian auf Weltreise verbracht. Die sechs Zimmer seiner Wohnung in Berlin blieben unbewohnt. Er träumte von einer vollständigen Sammlung der Dinge und Gedanken aller Völker der Welt.

Ziemlich irre, wenn man heute darüber nachdenkt, sagte Niko.

Es hat eine verstörende Poesie, dass der alte Bastian in eine Art Wahn verfällt, immer häufiger, so hat er das selbst in seinen Tagebüchern geschrieben, von den Masken heimgesucht wird, die er gesammelt, aus heutiger Sicht wohl eher gestohlen hat.

Niko lachte. Klingt wie eine späte Rache des Unterbewussten.

Und es wird noch besser, sage ich, es verschlägt ihm sogar die Sprache. Er, der alle Sprachen sammeln wollte, kann nur mehr stammeln.

Wir laufen eine Runde um das Grab. Die Kälte steht wie eine Wand vor uns, ich spüre meine Zehen nur noch als Idee, wenn ich mit ihnen umherwackle. Auf dem Rückweg sage ich, als wir in der Bahn sitzen, ich glaube, jetzt geht es los, und dann geht es los.

Claus hat mir neue Fotos geschickt; beide Aufnahmen zeigen Benedetta im selben Alter. Ich schätze sie auf Mitte zwanzig oder dreißig. Man sieht eine Frau und sieht doch zwei grundsätzlich verschiedene Personen, findest du nicht, schreibt Claus dazu. Das Porträt in Sepia ist von oben aufgenommen, es zeigt Benedetta mit leicht geneigtem Kopf. Schwer wiegt das Kreuz, das sie um den Hals trägt, es bildet den unausweichlichen Mittelpunkt und ist mir sofort unangenehm. Es wirkt obszön auf dem nackten, üppigen Dekolleté. Wie eine Provokation. Ihre Haare wurden am Oberkopf geteilt und streng zurückgesteckt. Ihr Blick; er wirkt so abwesend, läuft ins Leere, ähnlich wie auf dem Foto, das sie in späteren Jahren zeigt.

Das andere Bild, eine Fotografie in Schwarz-Weiß, wurde von schräg unten aufgenommen. Benedettas Blick ist offen und bestimmt, aber auch zugewandt, sehr intim. Als hätte sie sich gerade umgedreht, um auf eine schlüpfrige Bemerkung des Fotografierenden zu reagieren. Wie ich sofort denke: Das ist die echte Benedetta. Als würde es ganz selbstverständlich auch eine falsche Version von ihr geben, eine zu angepasste.

Bis zu ihrem Lebensende, erzählt Claus am Telefon, hat sie einzelne Worte nicht korrekt ausgesprochen. Ein bisschen seltsam hat sie geredet, mit Akzent. Als sie nach Deutschland kam, sprach sie ausschließlich Spanisch. Ein Wissen, das der Körper nicht losgelassen hat, wie auch das Gitarrenspiel, das sie als Mädchen in Panama gelernt hatte. Außerdem soll sie herausragend gut gezeichnet haben, insbesondere Karikaturen. Ihre Spezialität: Menschen als Tiere. Mit nur wenigen Strichen soll sie das Wesen ihres Gegenübers erfasst und dafür nicht selten Ärger bekommen haben. Claus sagt, dafür ist sie mehr als einmal in *Teufels Küche* gekommen, das kann ich dir sagen.

Billie träumt. Ihr Traum ist aufwühlend und wiederkehrend. Ein Tiger ist in ihrem Zimmer. Nachts schreit sie, schlägt um sich. Ich habe keine Ahnung, woher das Tier kommt, wie es in ihre Träume gefunden hat. Warum sitzt es dort so hartnäckig fest?

Hier gibt es keine Tiger, versuche ich sie zu beruhigen.

Dann lese ich einen Artikel, in dem steht, man solle die Ängste von Kindern ernst nehmen, anstatt zu versuchen, sie zu widerlegen. Also schauen wir hinter dem Vorhang nach, unter ihrem Bett. Wenn sie schreiend aufwacht und ich sie frage, ob der Tiger da ist, fängt sie an zu weinen.

Pst, sagt sie. Ich soll das Wort nicht laut aussprechen. In dem Moment, da ich das Tier benenne, ist die Gefahr für sie kaum auszuhalten.

Einmal kehrte meine Mutter von einer Ausstellung zurück. Damals war mein Vater noch am Leben und sie gingen oft in Museen. Noch im Erzählen sah ich ihr an, wie tief der Schreck ihr in den Knochen saß. Wie die Nationalsozialist*innen ihre perverse Phantasie über *Rassen* ausgelebt hätten. Sie sagte: Blieb der Stift in den Haaren stecken oder fiel er zu Boden?

Das war tatsächlich eine Frage, die über Leben und Tod entscheiden konnte.

Später lese ich von Zwangssterilisationen, auch bei Kindern und Jugendlichen. Von einer Mutter, die mit ihrem Sohn jahrelang im Untergrund lebt, sich versteckt und gesundheitlich nie mehr davon erholt. Und immer wieder von Verfolgung, Willkür und Zwangsarbeit.

Dokumente, die nach dem Zweiten Weltkrieg gefunden wurden, legen nahe, dass es eine unvollendete Liste Schwarzer Menschen bereits gegeben hat.

Manchmal denke ich: Solange niemand das Wort *schwarz* ausspricht, beschreibt es keine Realität.

Die traurige Witzfigur in dieser Geschichte ist mein Urgroßvater. Nach der Scheidung von Benedetta war er komplett von der Bildfläche verschwunden. Dabei trug auch seine Geschichte durchaus dramatische Züge. Er starb einsam, heißt es, nachdem seine Familie ihm den Geldhahn zugedreht hatte. Geboren worden war er in der Stadt Lancaster, nahe Manchester, durch die auch heute noch der River Lune strömt. Seine Familie war eine jüdische Kaufmannsfamilie. Eine Fotografie zeigt ihn mit seinen Geschwistern George und Alice und seiner Mutter, einer jungen Frau mit weichen Zügen, wässrigem Blick. Oben ist eine Ecke abgerissen. Die Adresse des Fotostudios in Lübeck ist am Rand eingeprägt. Vermutlich pendelte die Familie aufgrund der Geschäfte zwischen Deutschland und England. Während Alice und George wie niedliche Puppen aussehen, wirkt Franz seltsam erwachsen; der Babyspeck ist geschmolzen, sein gestreckter Körper steckt in einem weißen Leibchen, die dünnen Arme sind entblößt. Sein Blick ist fragend, kühn, leicht spöttisch; im Ernst?

Ich bewege mich auf dünnem Eis, jetzt, da ich weiß, wie seine Geschichte ausgeht. Ich denke sie nicht als Anfang, sondern vom Ende her. Aber wer lebt schon so?

Auf diesem Bild ist alles offen. Die Familie hatte sich vom Judentum gelöst, um gesellschaftlich mehr Akzeptanz zu finden, ihren Geschäften nachgehen zu können, heißt es.

Zaghaft wickle ich den Serviettenring aus, den Claus mir gegeben hat. Keine Ahnung, ob so ein Ring tatsächlich eine Funktion hat. Ein schlichtes, schweres Stück Silber liegt in meiner Hand, kalt und schwer. Ich lese die Initialen. F. A.

Der kleine Franz vor einem schweren Wandteppich. Er sitzt am Tisch mit Buch, Apfel, einem Becher Kakao oder Milch. Ponyfransen in der Stirn. Die kurzen, noch kindlich runden Finger nesteln am Buchdeckel, während der Blick bereits von anderem gefangen genommen worden ist. Davonschwirrt wie ein kleines, unbändiges Tier. Er soll etwas sein, erzählt das Foto, das ganze Arrangement, aus dem hier soll mal etwas Großes werden, aber er ist nicht bei der Sache, will woandershin.

Dann als Jugendlicher, dieses Mal ein straffes Tau in der Hand, er sitzt in einem Boot mit seiner Schwester, seiner Mutter. Man muss sagen: – noch. Die Schiebermütze, das Cordjackett, ein keckes, kühles Lachen im Gesicht. Sieht so jemand mit einer glücklichen Geschichte aus? Sie hätten ihm alles gegeben, erzählt Claus, nur die Anwesenheit seiner Mutter nicht. In seiner Stimme ist Bitterkeit. Einmal am Tag sei er ihr gezeigt worden, vorgeführt, morgens, nach dem Waschen, im Anschluss kümmerten sich dann die Kindermädchen um ihn und seine Geschwister.

Franz' Kopf, der aus einem Dachfenster lugt. Schnurrbart und breitkrempiger Hut. Das Hemd ist weiß. Er trägt Hosenträger drüber. Jetzt ist er selbst Vater. Es ist das Wochenendhaus in Ilsenburg im Harz. Eigentlich nur eine Hütte. Aus der Tür tritt Benedetta. Sie hat Feuerholz im Arm, einen Kupferkessel in der anderen Hand. Ihr Kleid ist schneeweiß, bodenlang. Zu ihren Füßen liegt entkräftet ein Hund. Auf der Rückseite des Bildes ist vermerkt: Franz oben, Benedetta unten, »Goyo« (1912). Am Eingang sitzt eine alte Frau, ganz in Schwarz, sie hat ein Kleinkind auf dem Schoß. Es fällt mir erst bei näherer Betrachtung auf. Ist das »Goyo«? Ist »Goyo« Rudolf?

Am 9. Juli 1910 heiratet Benedetta Enriqueta Bertha Dagnin in Hamburg den vier Jahre älteren Franz Albrecht. Seit dem Tod ihres Vaters ist gerade mal ein halbes Jahr vergangen. Wahrscheinlich ist sie zu diesem Zeitpunkt bereits schwanger.

Eine Geschichte, die ich aus vielen Mündern höre: Franz schmeißt rauschende Feste. Von seiner Familie hatte er einen Burschen geschenkt bekommen, es ist der Sohn des Familien-Butlers, der am Ende jeder Nacht in Frack und mit einem silbernen Sektkübel am Ausgang steht, um darin die Scheine der müden und dankbaren Gäste einzusammeln. Nur so kommen sie bis zum Ende des Monats. So verdient Franz sein Leben, ihr gemeinsames Leben; es heißt, er lebte auf leichtem Fuß.

Kurz nach der Eheschließung werden die Kinder geboren. Erst Rudolf, dann Hedi, zuletzt mein Großvater Kurt. Als eines der Babys auf Franz' Schoß einnässt, soll er es von sich gestoßen haben. Die Haushälterin fängt das erschrockene Bündel gerade noch rechtzeitig auf, bevor es auf den harten Boden prallen kann.

Zum zehnten Geburtstag schenkt er seiner Tochter Hedi zehn rote Rosen. Diese Anekdote dient mitunter zur Beweisführung. Wer macht so etwas schon, zehn rote Rosen, *für ein Kind*?

Er ist ein Filou, sagt Claus, ein Charmeur, unbeständig, auch verantwortungslos, da passt es ins Bild, dass er eine Affäre mit dem Kindermädchen beginnt. Was für ein Klischee, denke ich, und kehre intuitiv zurück zur Fotografie des Wochenendhauses. Franz in der Dachluke. Benedetta in der Tür. Rudolf als Kleinkind. Und ganz vorn, links im Bild, sieht man eine junge Frau in Schürze, gebückt, die mit einer Axt Holz für das Feuer klein schlägt. Alle schauen direkt in die Kamera bis auf sie. Dass ihre Augen von außerordentlicher Schönheit sind, hell, fast farblos, kann das Bild dennoch nicht verbergen. Vermutlich ist sie mir deshalb nicht gleich aufgefallen, weil sie anscheinend nur zufällig aufs Bild geraten ist. Ein Fehler des Fotografierenden, der im Nachgang nicht mehr korrigiert werden kann.

Und ganz plötzlich erfasst mich ein Gedanke, dass in diesem Moment an einem anderen Tisch in einer fernen Stadt jemand sitzt wie ich und die Geschichte dieser Frau aufschreibt, das gleiche Foto betrachtet, meine Urgroßmutter dabei als eine bloße Randfigur. Die Schwangerschaft der Magd durch den Herrn des Hauses, der sich nie zu ihr bekennen wird.

Ehebruch ist neben sogenannter Geisteskrankheit in den zwanziger Jahren der einzig mögliche Ausweg aus einer unglücklichen Ehe wie meine Urgroßeltern sie führen. Auf der Heiratsurkunde ist rechts oben handschriftlich vermerkt:

Durch das am 15. Dezember 1922 rechtskräftig gewordene Urteil der 10. Zivilkammer des Landgerichtes in Dresden ist die Ehe des Franz Albrecht und der Benedetta Enriqueta Bertha Dagnin geschieden worden.

Damit gehört Benedetta zu einer noch sehr kleinen, elitären Gruppe von Frauen, die das neue Recht für sich beanspruchen. Immer wieder wird von allen Seiten ihr Stolz beschworen, ihre Unbeugsamkeit. Der unbedingte Versuch, in diesem Durcheinander das eigene Leben selbst zu bestimmen, in die Hand zu nehmen. Die Scheidung bedeutet für sie den gesellschaftlichen Abstieg. Mit drei Kindern zieht sie in Dresden in ein einfaches Wohnhaus im Arbeiterviertel. Von nun an kocht sie selbst und führt den Haushalt ohne Hilfe. Fehlt es an etwas, trägt sie eine der Kostbarkeiten aus dem ehemaligen Hausstand zu einer vertrauten Kontaktperson. Mal ist es ein Holländer, mal ein Schmuckstück oder eine Lampe.

Franz, heißt es, geht nach Köln. Weil er viele Sprachen spricht, bekommt er einen Job als Hotelportier. Von seiner Familie sieht er niemanden mehr und auch Benedetta bricht den Kontakt ab. Noch vor dem Krieg verstirbt er ganz plötzlich, noch nicht mal vierzig Jahre alt, allein in seinem Portierszimmerchen an einer simplen Grippe, weil es an Geld für einen Arzt gefehlt hat.

Einer meiner ersten Texte handelt von einem jungen Mann, der sich wie ein Chamäleon jedem Umfeld anpassen kann und darüber vergisst, wer er ist. Er läuft los und findet keinen Weg nach Hause.

Der Text ist verschwunden, aber ich erinnere mich wohl an meine Dringlichkeit, ihn aufzuschreiben. An meine Ausrede, um das Haus nicht verlassen zu müssen. An die Tischplatte, die ich nicht abwischte, und die trockenen Kontaktlinsen, die ich nicht gegen meine Brille eingetauscht hatte. Schließlich die Erleichterung, den Text abgeschlossen zu haben und ihn irgendwo abzulegen. Vielleicht gehörte all das dazu. In den Text, auch wenn es außerhalb lag.

Ich frage ins Internet:
Haben Chamäleons Gefühle?
Was regeln Chamäleons mit ihrer Farbe?

Einmal weist mich eine zufällige Partybekanntschaft angriffslustig darauf hin, wie oft ich ihn, mein Gegenüber, imitiere. Wiederhole. Einen Spiegel vorhalte.

Siehst du, sagt er, jetzt lachst du schon wieder. Aus Angst?

Ich lache immer noch. Er lacht auch. Lacht er mich jetzt aus? Soziale Mimikry nenne man das.

Ich weiß um die Maske, fühle mich entlarvt. Dem Typ trotz seines schlechten Geschmacks, dem seltsamen Humor unterlegen, fast nackt. Bei der nächstbesten Gelegenheit suche ich das Weite und verschwinde bald darauf schlecht gelaunt nach Hause.

Mehr aus Langeweile denn als aus Interesse klicke ich an: *Wie färbt sich ein Chamäleon, wenn es auf einem Spiegel sitzt?*

Weil es in dem Spiegelbild meint, einen Rivalen zu erkennen, signalisiert es mit einem Farbwechsel Kampfbereitschaft. Diese Aggressivität ängstigt es wiederum, was die Signale verstärkt. Im schlimmsten Fall führt der Stress zum Herzstillstand.

Man könnte auch sagen: Um zu gewinnen, verliert es den Kampf gegen sich selbst.

Als sie in die Schule kam, erzählte meine Mutter kürzlich, musste die Familie noch einmal umziehen. Schließlich landeten sie in einer kleinen Gemeinde auf einem Berg, in der jeder, der nicht dort geboren war, automatisch ein *Fremder* war und bleiben musste. Obwohl der Ort nur wenige Kilometer von dem alten Zuhause entfernt lag, sprachen die Menschen anders, in starkem Dialekt.

Ich verstand im wahrsten Sinne des Wortes die Welt nicht mehr, sagte meine Mutter, und hörte auf zu sprechen. Wenn der Lehrer mich nach etwas fragte, antwortete ich einfach nicht.

Später gestand mir eine Schulkameradin, die zu einer Freundin geworden war, sie habe eingangs gedacht, ich sei doof, sagte meine Mutter, eine Schwachsinnige.

Kurz vor meiner Geburt bewarb sich meine Mutter an der Deutschen Film- und Fernsehhochschule in Berlin. Obwohl nichts daraus wurde, hat sie die Mappe bis heute aufbewahrt. Unter anderem enthält sie eine kurze Skizze für mehrere Szenen. Das Thema Heimat ist vorgegeben. Ein paar Berliner Freaks, so werden sie im Treatment genannt, treffen sich im Sommer 1982 auf einem Bauernhof in Il Capanno. Offenbar handelt es sich um eine Handvoll Aussteiger*innen, die Deutschland den Rücken gekehrt haben. Während sich eine Handbremse im Auto löst und es mit hoher Geschwindigkeit einen Berg hinabrollt, wird das Bild überblendet. Das kleine Mädchen sitzt neben seinem Vater, der tollkühn eine steile Dorfstraße zur Mosel hinabfährt, im Laderaum rutschen die Zeitschriften und Illustrierten. Die Wolken hängen so tief und das Tal ist so eng, dass eine Uferseite komplett im Schatten liegt. Das Mädchen rutscht tiefer und tiefer in den Sitz, so dass sie nur noch das Armaturenbrett sieht. Der Vater pfeift ein Lied. Schließlich kommt der Wagen zum Stehen.

Hast du etwa Angst, fragt der Vater seine Tochter, ist doch gar nichts passiert.

Ich sage mir diesen Satz mehrmals vor und finde ihn erstaunlich.

Ist doch gar nichts passiert.

Gleich zu Beginn des Telefonats erzählt Mona, dass sie mehrere Schrauben im Körper trägt. Entlang der Wirbelsäule, sie lacht, ich bin eine alte Frau, weißt du. Bücken kann ich mich nicht mehr. Ich stelle sie mir daraufhin als eine sehr aufrechte Person vor, grazil, aber kräftig. Ihre Stimme ist rau. Das Profilbild im Messenger zeigt einen kleinen, lustigen Hund, der mich unvermittelt jedes Mal froh macht. Wir haben uns einige Male verpasst, immer wieder geschrieben, das Gespräch verschoben. Vor zwei Wochen sei sie gestürzt, erzählt Mona jetzt, im Zug. Eine Art Vollbremsung schmiss sie längs um. Nun befürchten die Ärzte, dass eine der Schrauben verrutscht sein könnte, weshalb mit allen Mitteln versucht wird, sich ein Bild von ihrem Innenleben zu machen; mit Ultraschall, CTG, Röntgen.

Ich habe das Telefon zwischen Schulter und Ohr geklemmt und massiere den Knubbel an meinem Handgelenk, so, wie es mir die Heilpraktikerin empfohlen hat. Dabei wird der Knubbel immer größer, bilde ich mir ein.

Ich habe uns Stichpunkte gemacht, sagt Mona, ich will dir schließlich keinen Quatsch erzählen.

Mona meint es also ernst, fragt: Claus sagt, du schreibst ein Buch?

Ich versuche es.

Wie Claus scheint sie keineswegs überrascht über das plötzliche Interesse, den Kontakt.

Wie Claus sagt sie: Wir sind doch eine Familie.

Auf der Plattform für Ahn*innenforschung laufen kurze Videos, sie laufen los, sobald man auf der Seite landet, ohne ein Zutun: Menschen, die jahrelang auf der Suche nach einer Herkunft waren, nach Antworten oder Erklärungen, fallen schließlich erleichtert einer Schwester oder einem Halbbruder in die Arme. Es ist unmöglich, keine Gefühle dabei zu bekommen. Das Unternehmen wirbt so für eine DNA-Analyse. Zu den festlichen – man muss sagen, vorwiegend christlichen – Anlässen im Jahr gibt es saisonale Pakete; zu Weihnachten, dem Valentinstag, Ostern. In einem der Videos öffnet eine blonde Frau unterm geschmückten Baum freudig die Analyse ihres Tests; in Prozentzahlen sind ihre geographischen DNA-Spuren angezeigt. Schweden, Italien, ein bisschen Polen. Als wäre die biologische Herkunft eine Folie, vor der man wie durch Magie die eigene Geschichte neu lesen kann.

Als ich Niko die Fotos von Benedetta zeige, die Claus geschickt hat, lächelt er.

Sehen wir uns ähnlich? Ich halte das Foto neben mein Gesicht. Er verdreht die Augen.

Was, frage ich, findest du das albern?

Nein, nur irgendwie – er denkt nach – narzisstisch.

Ist es das? Ein Kreisen um mich selbst? Oder ist es eine Bewegung zur Gemeinschaft hin, in die Geschichte hinein? Im Grunde auch der seltsam aussichtslose Versuch, sich mit der eigenen Bedeutungslosigkeit zu versöhnen?

Ich meine, es ist beides. Es kann beides gleichzeitig sein.

Was ich noch nicht verstanden habe, setze ich nun an, ist, was der Vater von Benedetta überhaupt in Panama wollte.

Mona hat mir ein Foto von seinem Grab geschickt. Ein anderes gibt es nicht. Ein pompöser Findling mit simpler Aufschrift. Es muss viel Kraft gekostet haben, diesen Stein dorthin zu bewegen. Erst auf den zweiten Blick wird mir klar: Es ist gar nicht der Stein, der so eindrucksvoll ist, vielmehr ist es der Raum, den er einnimmt, der Platz, den er beansprucht. Der Findling steht frei, drum herum ist eine Art Bucht gesetzt, die wiederum begrenzt wird von ordentlich beschnittener Thuja und wilden Rosenbüschen. Kränze lehnen an dem Stein. Davor steht eine Holzbank, dem Grab zugewandt, und ich frage mich, wie oft hier jemand gesessen haben mag. Wer liegt hier noch begraben? Oder ist die Aufschrift *Familiengrab* nichts als eine Täuschung, ganz im Sinne einer Enttäuschung, weil es eben das beschreibt, was dem Toten ein Leben lang vorenthalten blieb?

Du willst die Geschichte von Louis Dagnin wissen, fragt Mona.

Also. Es beginnt mit dieser Kutsche, holt Mona aus. Sie ist eine gute Erzählerin. Sie erzählt so, als müsste ich nur die Augen schließen, um ein Teil der Vergangenheit zu werden.

In dieser Kutsche, musst du dir vorstellen, sitzt ein mächtiger Mann, sagt sie. Es war der Duke, wir sind uns beinahe sicher. Er will nicht erkannt werden, aber er will es doch sehen – das soeben geborene Kind, sein Kind, ein Zufallsprodukt, nicht gewünscht, nicht beabsichtigt, aber auch nicht ungewöhnlich damals. Die Mutter des Jungen – es ist ihr erster und bleibt ihr einziger Sohn – ist die gerade mal neunzehn Jahre alte Juliane Piepenbrink, die gemeinsam mit ihrer Schwester Teil des höfischen Balletts am Königshaus Hannover ist. Dort wächst der Junge auf, es fehlt ihm an nichts, aber was macht man mit einem wie ihm? Mit jemandem, der nicht vorgesehen ist in der Geschichte?

Es heißt, sagt Mona, man habe ihn dann vor die Wahl gestellt: entweder ein Schattenleben am Hof oder ein Leben in Übersee, weit weg vom Königshaus. Anders gesagt: Sie boten ihm Geld und einen Titel als österreichisch-ungarischer Konsul, damit er vom Hof verschwand.

Mona räuspert sich. Sie wartet auf eine Reaktion, scheint mir. Und als ich nichts sage, fährt sie fort; auch das war nicht unüblich. Im Übrigen ist der Name eine Erfindung. Louis Dagnin, sie spricht den Namen französisch aus, mit einem stummen S am Ende. Natürlich konnte er nicht den Namen seines Vaters tragen und der Name seiner Mutter hätte ihn als *Bastard* markiert. Schließlich gab man ihm den Namen Dagnin, ein Kompromiss.

Auf einer Passagierliste aus dem Jahr 1875 taucht Louis als Ludwig Dagnin auf. Er ist zweiundzwanzig Jahre, als er Deutschland verlässt. Das Dampfschiff Rhenania der Hamburg-Amerikanische Packetfahrt-Actien-Gesellschaft legt im September ab. Er reist komfortabel, erste Kajüte. Seine Mitreisenden wollen nach Valparaíso,

Callao, Lima. Der junge Kaufmann hat als Ziel für seine Auswanderung Port-au-Prince auf Haiti angegeben. Aber so weit wird er nicht kommen. Er strandet in Colón, Panama. Es ist eine Stadt, so jung wie er selbst und strategisch am Ende der Panama Railroad gelegen. Während sie in den USA auf den Namen des Financiers des Kanals Aspinwall getauft wird, nennt die hispanische Bevölkerung sie nur Colón, nach dem spanischen Namen für Christoph Kolumbus.

Auf YouTube: Ein Mann spaziert durch die Innenstadt von Colón, mit der Handykamera filmt er die verfallenen Straßenzüge ab. Es ist ein voyeuristischer Blick, der fast apokalyptische Szenen zeigt. Ein mehrstöckiges Haus, nur noch Gerippe, aus einem anderen Gebäude ohne Kern und Dach wachsen Bananenpflanzen. Dann eine Kathedrale, die Mauern morsch durch die Feuchtigkeit. Rückstände von Kolonialgebäuden, die Fenster mit Backsteinen verschlossen. An einer doppelspurigen Straße Neubauten, Hochhäuser, gestrichen in Bonbonfarben; mintgrün, rosa, hellblau, sie wachsen in den knallblauen Himmel. Was Colón so besonders mache, erklärt der Mann hinter der Kamera, sei die Zusammensetzung der Bevölkerung, zuerst kamen die Sklav*innen afrikanischer Herkunft für die Plantagen, später Menschen aus der Karibik, die den Panamakanal bauten. Heute schrumpft die Stadt, junge Menschen verlassen sie, wenn sie können, Tourist*innen werden gewarnt: Colón ist eine *forbidden city,* eine Stadt mit einer weltweit vergleichsweise hohen Kriminalität. Es gebe eine Freihandelszone und ganz in der Nähe die Ruinen des Fort Portobelos aus dem 17. und 18. Jahrhundert, ebenfalls von Sklav*innen gebaut. Obwohl heute Weltkulturerbe, sei die Geschichte über den vielleicht ersten erfolgreichen Sklav*innenaufstand kaum bekannt. Nach jahrzehntelangen Kämpfen sei um 1600 jenen, denen die Flucht gelungen war, Freiheit garantiert worden.

Ich stelle mir vor, wie ein 22-jähriger Ludwig Dagnin sich dort bewegt haben mag. Selbstverständlich, verzweifelt, größenwahnsinnig? Braune Lederstiefel bis über die Waden, Reiterhosen, weißes Hemd und der obligatorische Tropenhut. Das Bild schmilzt zusammen zur Fotografie meines Onkels in Nigeria. So sehe ich ihn vor mir. Im Wesentlichen, fasst Mona das zusammen, hat Dagnin mit dem Geld ein Kaufhaus aufgebaut. Er handelt mit Kolonialwaren, ist ein gewöhnlicher Kaufmann in Übersee. In dieser Zeit muss er Benedettas Mutter kennengelernt haben. Sie bekommen drei Kinder zusammen, einen Jungen und zwei Mädchen. Obwohl sie zusammenleben, heiraten sie nicht. Mona sagt, Dagnin habe sich nie zu der Frau bekannt.

Die Zeiten sind unruhig, lese ich später nach. Die Pläne für den Kanal sorgen für Unmut. Während des kolumbianischen Bürgerkriegs kommt es 1885 zu einem Großbrand. Im Juli 1903 bildet sich eine Militärjunta, gestützt durch die Regierung von Roosevelt, die den Bau des Kanals vorantreiben will. Im Waldorf Astoria im weit entfernten New York City schreibt Bunau-Varilla die Unabhängigkeitserklärung. Zur selben Zeit kann sich Louis

Dagnin von einer Malaria nicht mehr erholen, heißt es. Sein Kaufhaus wurde niedergebrannt. Vermutlich will er das Vermögen, das ihm bleibt, hinüberretten. Sich selbst: retten. So kommt er zurück nach Deutschland, lässt alles zurück bis auf seine Tochter. Er landet in Hamburg, handelt fortan mit Tropenausrüstungen und stirbt mit knapp sechzig Jahren.

Vielleicht solltest du dir die Frage stellen, wer sie sein wollte, und nicht, wer sie war.

Mit einem Becher Kaffee in der Hand laufen Neda und ich zügig am Urbanhafen vorbei. In unserem Rücken ragt das Krankenhaus auf. Neuerdings stehen auch hier Gedenktafeln. Die Sonne scheint. Momo steht an der Wasserkante und bellt schwanzwedelnd die Schwäne an.

Manchmal stelle ich mir vor, dass sie zum Beispiel Illustratorin hätte werden können. Wie Andrea Manga Bell in einer Zeitschriftenredaktion arbeiten wollte.

Noch nie gehört, sagt Neda.

Sie war eine deutsche Graphikerin und Journalistin. Wenn man sie kennt, vielleicht als die Lebensgefährtin von Joseph Roth. Dabei war sie ziemlich erfolgreich. Hat für Ullstein gearbeitet. 1933 sind die beiden zusammen mit ihren Kindern aus erster Ehe nach Frankreich emigriert. Es gibt Literaturwissenschaftler*innen, die in ihr das Vorbild für die Juliette in Manns *Mephisto* sehen. Die erste afrodeutsche Figur in der deutschen Literaturgeschichte überhaupt.

Diese entmenschlichte Domina? Neda schüttelt sich. Was der Klaus sich dabei nur gedacht hat.

Ich hebe die Schultern. Wahrscheinlich war das die gängige Projektion. Aber jetzt hör zu. Interessant ist, dass Manga Bell die Tochter eines afrokubanischen Pianisten und einer Deutschen war. 1902 wurde sie in Hamburg geboren. Ist das nicht ein Zufall?

Was genau?

Vielleicht kannte sie meine Urgroßmutter. Die beiden trennten nur zehn Jahre. Vielleicht sind die beiden an der Alster spaziert, so wie wir jetzt gerade hier am Kanal. Wenn sie nicht wollten, dass man sie verstand, sind sie ins Spanische hinübergeglitten. Als meine Urgroßmutter nach Ilsenburg zog, haben sie sich geschrieben. Über die Männer, die Schwangerschaften. Später die zerbrochene Ehe. Wie es war, allein die Kinder zu versorgen. Sie hätten sich viel zu erzählen gehabt.

Ich wünsche ihnen, dass sie sich hatten, sagt Neda und lacht über meine Begeisterung.

Vielleicht muss man es so erzählen, antworte ich. Damit es überhaupt erst möglich wird.

In diesem Moment rauscht Momo aus einem Gebüsch auf uns zu. Sie ist aufgebracht, bellt.

Euer Hund? Der Mann nähert sich mit schnellen Schritten, er hat eine Zigarette im Mundwinkel stecken, die zu Boden fällt, als er das nächste Mal spricht.

Ihr solltet besser auf euren Köter aufpassen.

Was ist denn passiert, fragt Neda ruhig.

Der Hund muss angeleint werden, sagt der Mann. Das hier ist keine Hundewiese, kapiert.

Neben mir atmet Neda scharf ein. In Ordnung, sagt sie. Komm her. Momo kommt, lässt sich die Leine anlegen.

Ihr solltet den echt nicht so rumlaufen lassen, sagt der Mann noch mal.

In Ordnung, wiederholt Neda, sie ist gereizt.

Das nächste Mal hol ich dann die Polizei.

Jetzt platzt Neda der Kragen, denke ich, und dann bin ich es auf einmal, die schreit.

Ist ja gut. Was willst du denn noch. Was musst du dich hier so aufspielen.

Er guckt verdattert, erst zu mir, dann zu Neda.

Hysterische Ziege.

Dann zieht er ab in seinem Cowboy-Gang. Ich würde gerne lachen, aber kann nicht. Als ich mich traue, Neda ins Gesicht zu schauen, nimmt sie meine Hand, komm, sagt sie, und drückt einmal fest zu.

An einem Donnerstagnachmittag radle ich durch die Stadt, in ihre alte Mitte, um mir die Generalprobe einer Oper anzusehen, bei der eine Freundin mitgewirkt hat. Es dämmert bereits, und als ich wieder auf die Straße trete, spiegeln sich die Lichter der Laternen auf dem regennassen Bürgersteig. Der Wind zerrt an meiner Jacke, den Haaren. Während ich dort drinnen saß und die Gesichter der Sängerinnen und Sänger studierte, gesellte sich mit einem Mal mein Großvater zu ihnen. Als junger Mann. Ich konnte ihn sehen, ihn singen hören, obwohl ich kaum eine Erinnerung an ihn habe. Er starb, als ich drei Jahre alt war, und für lange Zeit war das einzige, dass ich von ihm kannte, die Erzählung meiner Mutter, dass ich bei seiner Beerdigung meine Rose nicht in sein Grab hatte werfen wollen.

Ich hielt sie fest umklammert, und meine Mutter sagte, sie war traurig und wütend, überfordert auch, sonst hätte sie mir die Blume nicht aus der Hand genommen. Sie bog jeden einzelnen der kleinen Finger auf, und ich schrie, und sie weinte. Es war furchtbar, sagte meine Mutter. Sie schäme sich bis heute dafür.

Inmitten der Bühne ein karger Baum.

Die Sängerin und Hauptdarstellerin war mit einer Art Seil daran befestigt und schritt zur Bühnenkante, aber das Gummi schnalzte zurück, löste sich von ihrer Taille. Jemand rief etwas, nicht laut, und im nächsten Moment wich die Spannung aus ihrem Körper. Die Arme schlackerten, sie verdrehte die Augen. Erst jetzt erinnerte ich mich wieder daran, dass ein geschmeidiger Mann in Bügelfaltenhose und Hemd vor der Vorstellung darauf hingewiesen hatte, dass dies eine Generalprobe sei, was bedeutete, dass das Stück jederzeit unterbrochen werden konnte. Alle Augen richteten sich nun auf den Regietisch, der in der Mitte des Zuschauerparketts aufgebaut war und bislang in der Dunkelheit gelegen hatte. Die Darstellerin beugte sich vorne über, die Arme in die Seiten gestemmt, so dass ihr die rotblonden Locken über den Kopf fielen. Und als sie sich aufrichtete, sah ich die Anstrengung, ihren Widerwillen, den Aufforderungen des Regisseurs Folge zu leisten. Es war nur ein kurzer Moment, eigentlich kaum der Rede wert, schon nahm sie wieder Haltung an, wurde das Licht gedimmt und der Faden des Stücks aufgenommen. Trotzdem fiel es mir schwer, erneut in die Geschichte zu finden. Stattdessen wunderte ich mich darüber, wie schnell unter der Erzählung eine ganz andere zum Vorschein gekommen war; wie eine zweite Haut oder aber, dachte ich dann unvermittelt, wie arglos und dankbar ich doch die erste hingenommen hatte.

In einem Kanister auf der Bühne war eine rote, zähe Flüssigkeit, mit der am Ende des Stücks die Körper der Darsteller*innen übergossen wurden.

Was die eigene Familiengeschichte angeht, so gibt es Studien. Ein Drittel aller Deutschen, erzählte Neda kürzlich, habe bei einer Umfrage angegeben, unter ihren Vorfahr*innen seien Widerstandskämpfer*innen gewesen. Das wiederum steht in einem schrillen Kontrast zu den belegten Zahlen über Täter*innenschaft im Nationalsozialismus.

Es kann schlichtweg nicht sein, selbst wenn niemand der Befragten vorsätzlich gelogen hat.

Wie in fast allen Familienerzählungen klafft hier eine Lücke. Einmal hatte ich meinen Vater gefragt, was er über seinen Vater wisse. Die Familie. Coburg war – das ist bekannt – eine Hochburg der Nationalsozialist*innen. Ich erinnere mich daran, wie wir durch enge Gassen liefen und mir bei den Straßennamen der Atem stockte.

Mein Vater hatte auf meine Frage hin die Schultern gehoben, nicht viel, leider. Seine Mutter hatte als Kindermädchen für eine jüdische Familie gearbeitet, die in die USA emigriert war. Sein Vater im Krieg als Sanitäter.

Hatte er nie nach ihren Überzeugungen gefragt?

Er zählte sich selbst zur Studierendenbewegung. Er hatte Abstand zwischen sich und seine Familie gebracht, war für eine radikale Aufklärung eingetreten. Aber, sagte er dann, ich habe die falschen Fragen gestellt. Oder nicht genug. Heute denke er über diese oder jene Aussage nach, was sie bedeutet haben mag, aber die Eltern waren mittlerweile verstorben, seine Geschwister zu alt. Er hätte, das sei ihm jetzt klargeworden, weiterbohren müssen, sich nicht zufriedengeben dürfen.

Es sei schwer, gute Fragen zu stellen, wenn man wisse, dass man für die Wahrheit nicht bereit sei.

Im Gespräch mit Mona nehme ich meinen ganzen Mut zusammen, ich frage, wie hat Benedetta den Nationalsozialismus überlebt? Ich höre meine Worte und zeitgleich ihr Erschrecken in der Stille, der Gesichtsausdruck ist hinter den Kilometern verborgen, die zwischen uns liegen. Sie sagt, dass sie darüber überhaupt keine Auskunft geben könne. Nur die Geschichte mit Rudolf und meinem Opa, aber die kannte ich ja bereits. Ausgerechnet Rudolf, sagt sie dann unvermittelt. Der hatte von allen dreien doch die krausesten Haare, aber der hatte sich das in den Kopf gesetzt. Der wollte unbedingt dabei sein. Mitmarschieren.

Und die Geschichte mit den Papieren, frage ich.

Davon, sagt Mona, wisse sie nichts.

In einer mutmaßlichen Version meiner Mutter hat Benedetta jene Papiere, die ihre Herkunft auswiesen, vernichtet, um Rudolf Steine aus dem Weg zu räumen. In einer anderen hat Rudolf sich von der Familie abgewandt, nach einem unumkehrbaren Streit, und ist so in den Krieg gezogen. Er war enttäuscht, er wollte nichts mehr mit ihnen zu tun haben.

Aber was, sagt Mona, hätte seine Mutter machen sollen? Wo hätte sie die *arische* Herkunft hernehmen sollen? Auf Heimaturlaub machten Mutter und Sohn Frieden. Erst dann starb er. Zumindest ist das wahrscheinlich. Er kam nicht zurück. Allerdings hat Benedetta ihn nie für tot erklären lassen. Es heißt, sagt Mona jetzt, dass Benedetta aufgewühlt war, weil hin und wieder die Polizei vor der Tür stand.

Wegen ihrem Sohn, deinem Opa Kurt, der sich nie an Regeln halten wollte. Vielleicht hat sie deshalb das Foto verbrannt.

Welches Foto denn?

Na, das Foto von ihrer Mutter. Sie betont es auf eine Weise, als müsste ich doch wissen, worum es ginge.

Niemand sollte sehen, wer ihre Mutter war, sagt Mona. Oder, was sie eigentlich sagen will, denke ich, wie Benedettas Mutter aussah, woher sie kam. Es hätte Benedetta in Gefahr gebracht. Ihre Kinder.

Am Abend bringe ich meine Tochter ins Bett. Billie ist noch putzmunter. Sie möchte, dass ich ihr aus *Pippi Langstrumpf* vorlese, und hopst dabei auf und ab. Wir haben es schon viele Male gelesen. Das Buch ist alt, der dunkelrote Einband aus Leinen speckig. Früher hat es mir gehört, noch davor meiner Mutter. Es fällt fast auseinander, trotzdem hat es überlebt, zusammen mit Grimms Märchen und Wilhelm Busch. Die Ränder der Buchdeckel sind angefressen. Das Werk meines ausdauernden Kaninchens, das ich als Kind hatte. Billie liebt dieses Buch besonders innig. Ich schlage es vorn auf, lese die Zwischenüberschriften laut vor, bis sie sich jubelnd in meine Arme auf dem Bett fallen lässt. Ich beginne eine Geschichte, aber bin in Gedanken noch bei dem Telefonat. Und in diesem Moment im Bett, mit Billies heißer Hand auf meinem Bauch, fällt es mir wie Schuppen von den Augen.

Ich frage, wo ist denn Pippis Mama eigentlich.

Na, die ist doch ein Engel.

Ein Engel?

Ja. Weil die gestorben ist, als Pippi noch ganz klein war. Deshalb. Sie kann sich auch gar nicht erinnern, weil sie noch so klein war. Sie ist halt ein Engel.

Aber den Papa gibt es noch …

Ja, der lebt. Natürlich. Der ist ja kein Engel, sondern der König der Südsee.

Billie sieht mich an, als könnte sie nicht begreifen, wie man so unfassbar dumme Fragen stellen kann.

Lies weiter, drängelt sie, aber kurze Zeit später fallen ihr die Augen zu. Ich höre ihr noch einen Moment beim Atmen zu, dann setze ich mich mit dem Laptop auf den Knien ins Nebenzimmer.

Es gilt als verbürgt, dass Astrid Lindgren zumindest von der Geschichte über den Schweden Carl Pettersson wusste, dessen Schiff Weihnachten 1904 vor der Küste Papua-Neuguineas sinkt. Er ist im Auftrag der kolonialen Sache unterwegs, soll billige Arbeitskräfte anwerben. Stattdessen rettet er sich an Land, erhält die Erlaubnis, eine Kokosnussplantage aufzubauen, und gründet mit der Tochter des Chefs, Sindu, eine Familie. Die beiden heiraten offiziell, die damalige Kolonialmacht, das Deutsche Reich, lässt sie gewähren, was ungewöhnlich ist. Beide sind angesehen und wohlhabend, das verschafft ihnen einen Vorteil. Doch als die Mutter bei der Geburt ihres neunten Kindes stirbt, verlässt Pettersson die Insel, er reist zurück nach Schweden, wo die Presse über ihn als den *Südseekönig* berichtet. Wie Efraim Langstrumpf liebte auch Carl Pettersson seine älteste Tochter Elsa Pettersson sehr. Aber während Elsa im Waisenheim unter deutscher Herrschaft aufwächst, folgt Pippi ihrem Vater. Obwohl das Deutsche Reich seine Kolonie verliert, bleiben die deutschen Missionare vor Ort. Papua-Neuguinea fällt an Australien und die zahlreichen Mixed-Race-Kinder im Bismarck-Archipel werden ihren Müttern teilweise aus den Armen gerissen, um sie im Heim zu gläubigen Missionar*innen zu erziehen. Erst 1990 wird für Sindu ein Grabstein errichtet, auf dem auch Carl Pettersson abgebildet ist, wenngleich er in Schweden beigesetzt wurde. In einem Interview sagt Elsas Tochter, die heute in Australien lebt, sie wünsche sich, dass Pippis Geschichte wie eine Tür funktioniere.

Eine Tür geht also auf, und dahinter steht kein Schwarzes Mädchen.

Eine Tür geht auf, und dahinter steht ein Mädchen mit roten Haaren und Sommersprossen und großen Schuhen.

Eine Tür geht auf, und ich erinnere mich an ein tiefes Unbehagen bei Pippis Mutterlosigkeit. Als würde etwas nicht mit rechten Dingen zugehen.

Eine Tür geht auf, und ich frage mich, warum ich immer Annika sein wollte, nie Pippi Langstrumpf. Nicht das stärkste Mädchen der Welt, aber das unauffälligste.

Stimmt das?

Nicht ganz. Am nächsten Morgen frühstücken wir. Billie hat mit Niko frischen Orangensaft gepresst. Sie sitzt auf der Tischkante und saugt zufrieden an einem Strohhalm.

Ich habe nachgedacht, Mama, sagt sie ernst. Vielleicht ist Pippis Mutter doch kein Engel.

Nein?

Ich glaube, Pippi hat sich das nur ausgedacht, damit die anderen Kinder nicht traurig sind.

Und dann erinnere ich mich wieder, wie ich als Kind lange Zeit den unbedingten Wunsch nach Sommersprossen verspüre. Einmal malt meine Mutter mir Punkte auf Wangen und Nase, aus Spaß, mit einem braunen, gespitzten Kajal. Wieder und wieder bitte ich sie darum, es erneut zu tun, aber sie weigert sich, schließlich male ich mir die Punkte tagsüber selbst.

Ein paar Wochen später besuchen Neda und ich eine Ausstellung. Der Winter hält sich hartnäckig, und auf jeden Anflug von Frühling folgt Frost. Die Pfützen sind zu harten, spiegelglatten Flächen gefroren, auf denen wir während des Hinwegs mehrmals beinahe ausrutschen; ich greife nach Nedas Arm, wir schwanken, lachen.

Na warte, sagt sie.

Ich muss an Mona und ihren Sturz denken und wie viel Zeit mir noch bleibt, um sie zu befragen.

Schnell durchschreiten wir das Untergeschoss. Es zeigt großformatige Fotografien, beeindruckende Luftaufnahmen fast unberührter Landschaften, aber wir sind wegen der Bilder im ersten Stock gekommen, sie füllen nur einen kleinen, quadratischen Raum. Das Licht ist weiß. Die Luft dünn. Ein Instrument in der Ecke zeichnet leise summend die Feuchtigkeit in Graphen auf. Neda schiebt mich voran, in den Raum hinein. Vor dem kleinsten Bild bleiben wir stehen, schauen konzentriert. Was gibt es hier zu entdecken? Ich ärgere mich über den Gedanken, meine Skepsis. Eine junge Frau mit kurzen blonden Haaren und abstehenden Ohren bleibt schräg vor uns stehen, legt interessiert den Kopf schief. Sie dreht sich zu uns um, ich ahne es schon –

Huh, wirklich gespenstisch, oder, fragt sie.

Wir lächeln, ich bin nicht in der Stimmung für Gespräche dieser Art.

Das Bild zeigt drei Frauen, barbusig. Sie hocken auf dem nackten Boden, vor ihnen auf einer Decke sind Töpfe und Schälchen mit Speisen verteilt.

Drei Frauen starren auf ein Bild.

Drei Frauen starren auf sie zurück. Aber während die Insignien – Schmuck, bunte Kleider, Geschirr – und die Landschaft unverändert sind, naturgetreu, wurde die Haut mit Tipp-Ex übermalt, nur Mund und Augen und die Konturen sind noch sichtbar.

Sieht ein bisschen aus wie ein Totenschädel, sagt Neda und nähert sich mit dem Kopf einem Bild.

Die Frau liest von dem kleinen Etikett wie von einer Gebrauchsanweisung: *Ghost Series*.

Auf einem anderen Bild balancieren Frauen auf den Köpfen Kalabassen. Ein weiteres zeigt zwei Frauen bei der Zubereitung von Fufu.

Daneben hängen Fotografien aus Archiven; Menschen afrikanischer Herkunft in Anzügen und langen Gewändern, Zylindern, Rüschenblusen und Schnürstiefeln mit Absätzen. Wir gehen langsam durch den Raum, bleiben vor jedem Bild stehen. Eine Plakette erklärt, dass leider keine Namen überliefert seien und die Kuratorin sich die Frage habe stellen müssen, ob die Fotografien unter diesen Umständen überhaupt ausgestellt werden dürften. Schließlich habe man sich dafür entschieden, da die Bilder eine wichtige Lücke schlössen; die Fotos zeigten die Menschen, wie sie sich selbst inszenieren wollten, im Kontrast zu den exotisierenden Postkarten und entwürdigenden Darstellungen, die die Europäer*innen im 19. Jahrhundert von ihnen anfertigten.

Als wir auf die Straße treten, ist es dunkel. Wir gehen schweigend zur Station. Neda wirkt müde, zerstreut.

Alles in Ordnung?

Nein.

Nicht?

Es ist nicht richtig.

Was?

Die Gesichter der Frauen. Es hat etwas Gewalttätiges, ihre Gesichter zu weißen, einfach so zu übermalen. Es ist – Neda sucht nach Worten – zu brutal, findest du nicht?

Aber wie, entgegne ich, sollte man die Brutalität sonst darstellen? Wie sollte man sie sonst sichtbar machen?

Neda schweigt. Sie schweigt auch noch, als wir schon die Treppen zur Bahn hinuntersteigen. Während wir am Gleis warten. Und allmählich wird mir klar, dass ich nicht mehr mit einer Antwort rechnen kann, und vielleicht ist das die einzig wahre Antwort; es gibt keine.

Ich erinnere mich an ein Foto, auf das ich zufällig im Internet gestoßen bin. Ein Porträt einer jungen namenlosen Frau in Léopoldville um 1920, es geht mir seither nicht mehr aus dem Kopf. Ihr Oberkörper ist nackt, und auf eine seltsame Art wird diese Nacktheit durch den Arm, den sie sich schützend um den Kopf und über die Augen legt, unterstrichen. Auch jetzt noch wird mir flau, wenn ich daran denke. Es dauerte eine Weile, bis ich mein Gefühl benennen, es einordnen konnte.

Ich schämte mich für meinen Blick.

Ich wollte ihn abwenden.

Ich konnte nicht.

Als ich in die dritte Klasse kam, kündigte meine Mutter ihre Arbeit als Erzieherin. Fortan ging ich nicht mehr in den Hort, sondern nach dem Unterricht direkt nach Hause. Ich weiß nicht, was zuerst da war: die Arbeitslosigkeit oder das Ekzem oder ihre immense Traurigkeit. Kam ich um die Mittagszeit von der Schule, hatte meine Mutter Essen gemacht, sie kochte immer meine Lieblingsgerichte – Quarkauflauf mit Pfirsichen aus der Dose, Pfannkuchen, Kartoffelbrei und Spiegelei –, und sie küsste mich zur Begrüßung auf die Wange, aber sie konnte nichts gegen die Tränen tun. Ein Strom von Traurigkeit, dem sie sich auslieferte und dem ich mich also ebenfalls ausliefern musste. An ihrer Hand hatte es zu jucken angefangen. Ein münzgroßes Ekzem, erst nur eine lästige, hellrote Stelle, die sich dann langsam aber sicher über ihren ganzen Arm ausbreitete. Auch vor Beinen, Gesicht und Bauch keinen Halt machte. Keine der Salben und Tabletten der Ärzt*innen schien zu helfen. Im Sommer trug meine Mutter jetzt hochgeschlossene, langärmelige Kleidung. Sie verzichtete auf jedes Make-up und trug eine Sonnenbrille, unter der sie die geschwollenen Augen verbarg. Die Haut schuppte sich. Wo sie gesessen hatte, hinterließ sie feine Flöckchen. Mindestens ein Jahr ging das so. Ich sah meiner Mutter bei ihrer Verwandlung zu, bang, aber auch staunend, dass so etwas möglich ist. Wo war mein Vater damals? Er ging der Trauer lieber aus dem Weg.

In meiner Erinnerung gibt es kein Ereignis, das das Ende markiert. Irgendwann war es vorbei. Jede Woche ging meine Mutter zu einer Therapeutin. Sie fand einen Job, wieder als Erzieherin, aber in einem anderen Kinderladen, nahe Hoppegarten. Zu Mittag aß ich jetzt allein, meist schmierte ich Brote, oder ich machte mir etwas vom Vortag warm. Sie weinte nur noch gelegentlich und auf den zerkratzten Armen und Beinen zeigte sich scheu eine neue, eine rosa schimmernde Haut.

Ich fahre noch einmal nach Hamburg. Mittlerweile ist es warm, ich trage die Jacke unterm Arm, ich schwitze. Die Cafés haben Stühle und Tische vor die Tür geräumt. Es ist April, kurz nach Ostern. Wir treffen uns am Ohlsdorfer Friedhof. Claus hat das vorgeschlagen, und irgendwie liegt es nahe. Ich bin zu früh dran, setze mich auf einen Mauervorsprung in die Sonne, neben mir tummeln sich Feuerwanzen. Ich sehe auf mein Handy, stecke es wieder weg. Auf einer Tafel steht, dies sei der größte Parkfriedhof der Welt, wobei sofort Missverständnissen vorgebeugt wird: der größte Friedhof (also ohne Park, der allergrößte) der Welt befinde sich im Irak.

Auf dem Handy sehe ich mir Bilder von Wadi al-Salam an. Ein*e Muslim*a, heißt es, behält das Grab bis in alle Ewigkeit. Es sei denn, das Jüngste Gericht kommt früher. Nach deutschem Liegerecht sind es gerade mal fünfundzwanzig Jahre.

Claus ist pünktlich, er hat einen Plan dabei und die Münze, von der er mir erzählt hat. Kaum haben wir uns begrüßt, förmlich, per Handschlag, da hält er sie mir schon hin. Pilz hat sie angefertigt. Sie liegt in einer mit hellblauem Samt ausgekleideten Schatulle und glänzt unter der Sonne. Darauf zu sehen ist Benedettas Vater, Louis Dagnin, sicher ein Geschenk an sie, mutmaßt Claus. Er habe das Profil auf der Münze und jenes des mutmaßlichen Vaters, dem Duke of Cumberland verglichen. Eine verblüffende Ähnlichkeit, wirklich, sagt er.

Na los, nimm.

Ich nehme die Münze in die Hand, drehe sie um. Dann lege ich sie vorsichtig zurück in die Schatulle. Claus wirkt enttäuscht. Erst später kommt mir der Gedanke, er könnte die Münze zur Beweisführung gezeigt haben. Um vor mir seine Worte zu bekräftigen.

Die Kirschbäume blühen. Es riecht nach Erde und leicht säuerlich.

Gehst du hier oft spazieren, frage ich.

Claus schüttelt den Kopf. Nie. Er liebe das Wasser, das Weite. Bäume sperrten den Blick nur ein.

Und wie geht es voran mit deinem Buch?

Mir fehlen zu viele Informationen, sage ich. Zu Benedettas Geschichte. Ihrer Herkunft. Hat sie nie von ihrer Mutter gesprochen? Wollte sie noch einmal nach Panama? Zu ihren Geschwistern? Ich kann nicht glauben, dass es gar keinen Kontakt mehr gab.

Du weißt doch, wie der Mensch ist.

Ich schaue ihn fragend an.

Kennst du nicht die Geschichte von Frau Lot? Der Mensch verdrängt, er spricht nicht. Um zu leben, schätze ich, müssen wir eben manche Dinge vergessen.

Und warum wollte sie dann sterben?

Claus zuckt zusammen. Kurz nur, dann nimmt er wieder Haltung an. Brust raus. Schultern zurück. Er schüttelt den Kopf, als hätte ich nichts verstanden.

Kannst du dich daran erinnern?

Er bleibt stehen. Er legt die Hände ineinander, als würde er beten wollen, sieht dabei auf den Boden. Legt sie auf den Rücken.

Schön war das nicht. Langsam laufen wir weiter. Claus etwas vor mir. Es ist ihm wohler ohne Blickkontakt.

Drei Tage vor Heiligabend. Unsere Mutter hat sich das Gesicht kaputt geweint unter dem Baum. Niemand hat mit uns darüber gesprochen, aber es war klar. Wir wussten, was Sache ist. Niemand sagte, dass die Oma aus dem Fenster gefallen ist. Sie ist gesprungen. Irgendwo schnappte ich auf, dass sie rücklings gesprungen war. Ich habe als Kind lange darüber nachgedacht.

Er schweigt eine Weile. Dann sagt er, ehrlich gesagt tue ich das bis heute. Es ist wie ein Rätsel, das mir jemand gestellt hat, für das es keine Auflösung geben kann. Wer springt rücklings aus dem Fenster, wenn er sterben möchte? Hatte sie Angst? Vor dem Tod? Oder dem Leben? Hatte sie keine Sorge, dass wir Enkel*innen sie so finden? Wollte sie ihr Gesicht nicht kaputtmachen? Oder ist sie am Ende doch einfach gefallen?

Das wusste ich nicht, sage ich. Von ihrem Tod hatte ich gewusst, ja, nicht aber den genauen Hergang gekannt.

Zwischenzeitlich habe ich mich gefragt, woher ich das eigentlich weiß, sagt Claus. Woher ich es so genau wissen konnte. Ob ich es mir als Kind zusammengereimt habe. Ist das nicht merkwürdig? Ich erinnere mich so gut wie gar nicht an diese Tage, trotzdem bin ich mir absolut sicher. Ja, ich kann sie sogar dort liegen sehen, obwohl ich weiß, dass ich es nicht gesehen haben kann, es ist nicht möglich, wir waren doch in der Schule.

Hast du mit Mona darüber gesprochen?

Sie war noch klein. Einmal habe ich meinen Vater gefragt. Als der Krieg vorbei war, hat meine Mutter Benedetta zu sich geholt. Aber da war sie schon gebrochen. Pilz hat Benedetta und auch unsere Mutter nicht gut behandelt.

Claus stockt wieder. Er hat das nur angedeutet, sagt er, und ich habe damals nicht weiter gefragt. Vielleicht hatte ich Angst, die Wahrheit zu erfahren.

Aber liegt darin nicht die Macht der Opfer, frage ich vorsichtig. Den Missbrauch zu benennen, die Scham umzukehren?

Vielleicht dachte ich, sie hätte gar nicht gewollt, dass wir Kinder es wissen. Claus geht jetzt zu einem Baum, dahinter eine Reihe Gräber, er bückt sich und greift nach etwas sehr Kleinem am Boden. Er bückt sich umständlich. Unter dem festen Cordstoff bildet sich ein Buckel. Ich stehe am Weg und warte. Eine Amsel huscht raschelnd durchs Unterholz. Der Himmel hat sich zugezogen, sieht milchig aus. Vielleicht wird es gewittern. Ich darf meinen Zug nicht verpassen, ich habe es Billie versprochen.

Sieh mal, sagt Claus, als er zurückkommt. Er hat ein grünes Büschel in der Hand. Bärlauch. Er zerreibt ein Blatt, hält es mir unter die Nase. Es riecht scharf, nach Knoblauch.

Nicht zu verwechseln mit dem giftigen Maiglöckchen, sagt Claus. Wir haben früher immer Bärlauch im Wald gesammelt. Unsere Mutter hat eine Soße daraus gemacht. Jetzt kommt der Frühling.

Dann steckt er sich die Blätter in den Mund. Er kaut.

Gründlich. Ich sage nicht, dass ich es seltsam finde, etwas zu essen, das auf Gräbern wächst. Claus pfeift ein Lied. Ich kenne es nicht. Wir sind gleich da, sagt er. Es ist da vorn. Der Weg teilt sich hier, vor uns steht ein Turm, auf den man steigen kann. Eine Einladung, erklärt ein Schild, für den Perspektivwechsel. Oben, unten. Tod, Leben. Wir gehen weiter, es beginnt zu regnen und hört gleich wieder auf.

Da vorn ist ein Grab, aber es ist nicht das Grab von Louis Dagnin. Sie müssen es eingeebnet haben, sagt Claus. Weiterverkauft. So ein Friedhof ist ein florierendes Geschäft. Claus ist sich sicher. Vor vielen Jahren war er schon einmal hier. Er wirkt sauer, obwohl ich ihm immer wieder versichere, dass alles gut ist.

Ich glaube ihm.

Ich will das glauben.

Beim Abschied steht er da wie ein zorniges Kind, hängende Schultern, aber die Hände zu Fäusten geballt. Es ist dieses Bild, an das ich mich erinnere, als ich Niko zurück in Berlin von der Reise erzähle.

Und das Grab, fragt er.

Ich rufe bei der Friedhofsverwaltung an. Ich weiß nicht, was genau ich mir davon verspreche. Vielleicht suche ich nach einem Beweis, dass Claus sich alles nur ausgedacht haben kann. Diese ganze Geschichte. Sich selbst darin verlaufen hat.

Zuerst erreiche ich niemanden, es klingelt, so lang, als würde ich tatsächlich versuchen, von hier das Jenseits zu erreichen. Irgendwann nimmt eine barsche Frau ab. Sie erklärt mir, ich müsse eine E-Mail schreiben.

Schreiben Sie auf, was Sie über den Toten wissen, sagt sie. Außerdem müsse ich mit einem Entgelt rechnen.

Aha, sage ich.

Jemand würde in den Keller hinabsteigen müssen, ins Archiv, die Daten seien leider nicht digitalisiert, das alles sei sehr zeitaufwendig. Sie sagt, das verstehen Sie doch?

Ja, sage ich und muss dabei lachen.

Was daran ist bitte so lustig?

Na, Ihre Leichen im Keller.

Am Abend sitzen Billie und ich in der Badewanne. Draußen ist es warm, aber regnerisch. Ihre dunkelblonden Haare kleben nass und platt am Kopf. Ohne die Locken sieht sie anders aus, viel erwachsener. Dazu schaut sie ernst. Ich liebe sie sehr.

Sie nimmt eines der bunten Plastikboote, hält es unter den Strahl heißen Wassers, um es anschließend in einem Strudel untergehen zu lassen.

Was ist los, frage ich sie.

Sie dreht das Wasser ab, sieht mich an.

Sag mal ganz ehrlich, hat die Eier eigentlich der Osterhase versteckt, oder warst du das?

Ich atme gespielt empört auf, um mir Zeit zu verschaffen. Weil mir nichts Besseres einfällt, lüge ich, na, sicher, der Osterhase war das.

Billie mustert mich aufmerksam, sie glaubt mir nicht, ich kann es sehen. In Momenten wie diesen sehe ich sie als Erwachsene vor mir. Oder, wie Billie das nennt, Ver-

234

wachsene. Mit dem heißen Dampf steigen all die Fragen auf, die sie mir noch stellen wird. Niemand bereitet dich darauf vor, denke ich. Schnell lege ich den Kopf schief, lächle.

Sie fragt, lügst du jetzt, oder gibst du nur an, Mama?

Ich muss lachen und spritze Wasser in ihre Richtung. Sie quiekt und holt zum Gegenangriff aus.

Erst vor wenigen Tagen hat mir eine Freundin per Sprachnachricht erzählt, ihr Kind sei unfassbar wütend geworden, als ihm klargeworden sei, dass sie es belogen hatte. Die ganze Zeit schon, weil es keinen Osterhasen und auch kein Christkind gibt, und jetzt, sagte die Freundin ganz außer Atem, denke ich, wie sollte es auch nicht wütend sein?

Wem erzählen wir diese Geschichten eigentlich, wandte sie sich plötzlich überraschend an mich, erzählen wir sie unseren Kindern oder vielleicht doch uns selbst?

Als ich es schon fast vergessen habe, kommt ein Umschlag mit der Post. Auf der großformatigen Kopie ist handschriftlich verzeichnet, dass das Grab bereits 1944 aufgelöst wurde. Noch ehe Benedetta gestorben war. Es gehörte auch nicht Louis Dagnin, wie angenommen, sondern seiner Mutter, die Caroline Juliane Magdalena ~~Dagnin~~ Piepenbrink genannt wird. Im Folgenden taucht immer wieder ~~Dagnin~~ neben ihrem Mädchennamen auf – wie ein Mahnmal an die Ordnung, die einst durchkreuzt wurde.

In einer Anmerkung wird ausdrücklich darauf hingewiesen, dass sowohl ihr Sohn als auch die Enkelin mit
der Genehmigung der königlichen Regierung in Hannover den Nachnamen Dagnin tragen dürfen. Es ist ein
Geschenk, das keines sein will. Mehr ein Zugeständnis.
Darin hatten Claus und Mona also recht. Sie sprachen
von einem geborgten Namen.

Die Adresse aus dem Telefonbuch habe ich bislang übergangen. Sie schien mir nicht wichtig genug. Aus einer Laune gebe ich sie heute bei Google Maps ein. 1925 ist Benedetta mit dem Graveur Max Walter Pilz verheiratet. Sie wohnen in Dresden, seiner Heimatstadt, in der Tiergartenstraße 8. Die Wohnung befindet sich im Hinterhof, Erdgeschoss. Hierhin gelangt nicht viel Licht.

Benedetta nennt sich jetzt Bertha.

Heute steht dort ein Senior*innenheim. Vom obersten Stockwerk kann man ohne Mühe die Tiere sehen, denn der Neubau befindet sich direkt gegenüber dem Eingang des Zoologischen Gartens, gegründet im Jahr 1861. Er ist dem in Berlin nachempfunden. Das Ziegenhaus ist das älteste Gebäude. Später kommen auch Elefanten und Löwen dazu. Aber die Unterhaltung ist teuer. Um die angespannte finanzielle Lage zu lösen, werden ab 1878 auf dem Gelände Völkerschauen veranstaltet. Die Darsteller*innen kommen aus Berlin und von überallher. Auch Kwelle Ndumbe?

Es ist zumindest möglich.

Nachts herrscht eine Ausgangssperre. Die Menschen schlafen in den Baracken der Tiere. Der Zoo wächst weiter. Bis zu seiner Zerstörung während des Bombenangriffs im Februar 1945 werden hier knapp 3000 Tiere leben. Als Benedetta und Max gegenüber einziehen, ist die Inflation auf ihrem Höhepunkt. Der Zoo wird im Winter geschlossen, weil nicht ausreichend Heizmaterial vorhanden ist, und auch im Erdgeschoss wird es nicht mehr warm. Aber der Zoo bleibt. 1924 entstehen neue Gehege, ein Affenparadies, auf der Rückseite einer Felsanlage ziehen Malaienbären ein. Es kommt gänzlich ohne Zäune aus.

Ich sortiere Papiere auf meinem Schreibtisch, räume Stapel von Büchern zurück ins Regal. Dabei fällt mir auf, dass mein Handgelenk nicht mehr weh tut. Dabei bin ich nicht sicher, ob der Schmerz aufgehört hat oder ich mich an ihn gewöhnt habe. Ein Blatt löst sich vom Stapel, fällt zu Boden. Es ist der Artikel über Völkerschauen, ich habe ihn vor über einem Jahr gelesen. Im Überfliegen suche ich nach der Passage über die Absperrungen, den Graben, aber kann sie nicht mehr finden. Ich rücke einen Stuhl ans Fenster, lese den Text erneut. Auf einmal erscheint es mir von größter Wichtigkeit, diese Information zu finden. Irgendwo ist von Seilen die Rede. An anderer Stelle heißt es, die sogenannten Darsteller*innen durften ihr Dorf nicht verlassen; gegessen, geschlafen, geliebt wurde auf dem gut einsehbaren und dafür abgesteckten Ausstellungsgelände.

Ich suche weiter, panisch fast. Habe ich mir den Graben etwa selbst ausgedacht?

Menschen ohne Deutsch- oder Englischkenntnisse wurden bevorzugt, heißt es, um die Kontaktaufnahme mit Besucher*innen zu verunmöglichen. Und trotz dieser Bemühungen konnte man sie nicht unterbinden. Von Wirtshausbesuchen ist die Rede, amourösen Verwicklungen, Partys, auch sexuellen Übergriffen.

Unmöglich zu sagen, ob Benedetta viel Zeit im Zoo verbrachte. Immerhin trennte sie von den Tieren nur eine

Straße. Und ein Zaun. Am Eingang findet sich heute eine Bronzeskulptur; es sind Löwen. Der Bildhauer Otto Pilz hat sie gefertigt. Er ist mit ihrem Mann Max verwandt. Von ihm stammt auch die Bronzestatue des Fauns, die sich heute im Zoo anschauen lässt. Ein seltsames Objekt: Der gehörnte Junge hat den lüsternen Blick zu seinem nackten Schoß gesenkt, in dem zwei junge Bären liegen. In der griechischen Mythologie ist der Faun ein Waldgeist, oft dargestellt mit Bocksfüßen und Hörnern. Er stellt die enthemmte sexuelle Triebhaftigkeit dar, und wo er sich aufhält, heißt es, versetzt er Nymphen und ihre Töchter in Angst und Schrecken.

Benedetta bringt die Kinder aus erster Ehe mit. Die Verhältnisse sind beengt, sie müssen sich mit dem wenigen Raum arrangieren, der bezahlbar ist. Max gerät außer sich, wenn er getrunken hat. Als er an die Front gerufen wird, atmen alle auf. Hedi ist erst dreizehn Jahre alt.

Während der Weltwirtschaftskrise spitzt sich die Situation zu. Der Zoo verzeichnet kaum Besucher*innen. Eine solche Vergnügung scheint das Letzte, woran man in diesen Zeiten denkt. Von einer Rattenplage ist die Rede, die Gebäude verfallen. Trotzdem entsteht 1937 die Südamerika-Anlage, ein Freigehege im Herzen des Zoos. Vielleicht hat Benedetta ihre Kinder an die Hand genommen, mit ihnen die Straße überquert und den Eintritt gezahlt, den sie sich als Schankwirtin kaum leisten konnte. Um die Tiere zu sehen, die ihre Kindheitserinnerung bevölkern. Ebenso gut ist es möglich, dass sie keine Notiz davon genommen hat. Als der Krieg beginnt, wird der Direktor eingezogen und mit ihm die meisten Pfleger*innen. Von nun an sind es vor allem Zwangsarbeiter*innen, die sich um die Tiere kümmern, den Betrieb aufrechterhalten. Aber es gibt kaum Nahrung. Für niemanden. Die Todesfälle häufen sich. Der Zoo bleibt geöffnet. Erst im Februar 1945 schließt der Zoo; er ist komplett ausgebombt. Nur eine Handvoll Affen, ein Kamel, ein Pony, ein Stachelschwein und eine Schildkröte haben den Angriff überlebt.

Im Mai 1933 wird vom Auswärtigen Amt eine hohe Zahl togolesischer und kamerunischer Menschen verzeichnet, die um finanzielle Hilfe bitten, um in ihre Herkunftsländer zurückzukehren. Mit der Einführung des *Fremdenpasses* im selben Jahr ist das Reisen kaum mehr möglich. Die französischen und britischen Kolonialmächte lassen keine Menschen, die längere Zeit im Deutschen Reich gelebt haben, einreisen. Gleichzeitig gibt es keine Arbeit für Schwarze Menschen in Deutschland – abgesehen von ein paar stereotypen Rollen in Filmen und Varietés.

In einer Dokumentation erzählt die afrodeutsche Marie Nejar davon, wie sie als Mädchen für vierzehn Tage von der Schule in St. Pauli freigestellt wird, um mit Heinz Rühmann in Berlin einen Film zu drehen. Unterschrieben hat Goebbels den Brief an die Schulleitung höchstpersönlich. Als Nejar sich aufgrund einer schriftlichen Einladung beim Bund Deutscher Mädel vorstellt, wird sie von dem diensthabenden Nationalsozialisten entsetzt weggeschickt. Welcher Idiot so etwas hatte fertigbringen können, poltert er, und Nejar antwortet ihm reflexhaft: Warum, er hat doch gar nicht wissen können, wie ich aussehe.

Am Vortag habe ich beobachtet, wie Billie mit der Büste spielte. Sie musste sie von meinem Schreibtisch genommen haben. Unbemerkt, während ich in der Küche das Abendessen vorbereitet habe. Sie redete mit der Büste wie mit ihrer Puppe. Sie sagte, wir gehen jetzt ins Haus, ja, ich bringe dich nach Hause, keine Angst, keine Angst. Das wiederholte sie immer wieder. Und dann legte sie die Büste in ihren alten Puppenwagen und fuhr damit in ihr Zimmer. Kurz musste ich den Impuls unterdrücken, sie zurückzurufen, aufzuhalten, die Büste aus dem Wagen zu reißen und sie zurück an ihren Platz zu stellen. Aber ihr Spiel faszinierte mich. Es erinnerte mich daran, wie ich selbst mit der Büste gespielt hatte. Am Abend, kurz vorm Schlafengehen, sehe ich, dass die Frau auf Billies kleinem, mir bis zum Knie reichenden Schreibtisch am Fenster steht, neben dem Computer, den wir gemeinsam aus Pappkartons gebaut haben – Maus, Tastatur, Bildschirm – , er ist Billies ganzer Stolz.

Dann erst fällt es mir auf. Das Gesicht der Frau blickt nicht ins Zimmer hinein, Billie hat es nach draußen gewandt, zur Straße. Auf meine Frage hin zuckt Billie mit den Achseln.

Damit ihr nicht langweilig wird.

Ich lächle, schließe die Vorhänge bis auf einen Spaltbreit, und lasse die Büste so stehen.

Um meine Mitgliedschaft zu kündigen, logge ich mich ein letztes Mal in das Portal für Ahn*innenforschung ein. Die Website fragt, ob ich auch sicher bin. Ob ich nicht doch gegen eine einmalige Gebühr die Suche auf Premium International erweitern möchte? Wirklich nicht? Verschwommen werden Dokumente angezeigt, die meine Suche betreffen. Da ich gleich endgültig kündigen und – so rede ich mir das jedenfalls ein – damit eine Menge Geld sparen werde, lasse ich mich hinreißen. So taucht am Ende das Kind auf. Die handschriftlich ausgefüllte Tabelle verzeichnet unter Berufung auf den *Births and Deaths Registration Act 1874* Geburten auf hoher See im Jahr 1891. Das Kind, geboren am 9. Oktober, hat keinen Namen bekommen. In dem vorgesehenen Feld steht *(stillborn)* und ein *m* für *male*. Das Schiff heißt Quito. Die Passage der Royal Steam Company führte vermutlich von Panama über Guayaquil und Callao nach Valparaíso. Ins Paradiestal. Nur knappe siebenhundert Kilometer entfernt von der Insel, auf der Crusoe strandete. Neben dem Vater, Louis Dagnin, von Beruf Kaufmann, ist auch ein Feld für die Mutter vorgesehen, aber es ist leer geblieben. Sie muss auf diesem Schiff gewesen sein, wie hätte sie sonst das Kind zur Welt bringen können?

Ich zoome heran, immer weiter, bis der Bildschirm nur noch weiße Pixel zeigt. Das Dokument ist ein Schwindel. Es tut nicht, was es vorgibt. Es dokumentiert nicht. Die Mutter wird allein als Leerstelle sichtbar.

Obwohl ich die Papiere ausgefüllt, meinen Namen in diverse Formulare eingetragen hatte, rief der diensthabende Anästhesist stattdessen mit kraftloser Stimme, die Nächste, bitte.

Die Gynäkologin hatte mich vor die Wahl gestellt, sie sagte, Sie können auch abwarten, bis Ihr Körper das für Sie erledigt, oder Sie gehen sofort ins Krankenhaus.

Den Bildschirm des Ultraschalls hatte sie bereits von mir weggedreht. Ich versuchte an dem körnigen Bild festzuhalten, dem letzten, das ich von diesem Kind haben würde, sagte ich mir, und es gleichzeitig loszulassen, weit weg von mir zu schieben, obwohl es ja in mir drin war und nun, da ich wusste, dass es ohne Herzschlag in mir schwamm, unerträglich war.

Während die Ärztin fast zärtlich meinen Bauch von dem Gel säuberte, klärte sie mich über mögliche Risiken auf – Sepsis zum Beispiel – , sie sah mich herausfordernd an. Sie wollen doch lebend aus dieser Sache herauskommen?

Unbekleidet, auf dieser Liege, wusste ich immer noch nicht, was diese Sache sein sollte. Was ich zu wollen hatte. Dennoch folgte ich ihrem Rat und ging ins Krankenhaus. Ein junger Assistenzarzt hielt währenddessen meine Hand. Nach dem Aufwachen musste ich mich übergeben.

Ich erzählte niemandem davon. Nicht einmal Neda ahnte etwas.

Ich hatte mich gerade erst an den Gedanken des Kindes gewöhnt, wie sollte ich von seinem Abschied erzählen, den ich selbst kaum fassen konnte. Ich schämte mich für einen Körper, der nicht tat, was er sollte. Der mich hinterging. Erst wurde er schwanger, ohne dass ich es gewollt hatte, dann ließ er das Kind sterben, und zu allem Überfluss hielt er es auch noch fest.

Das ist lange her. Die Felle schwammen mir davon. Studium, Jobs, Freundschaften, eine Beziehung. Oft blieb ich bis zum Nachmittag im Bett liegen, starrte an die Decke, und als mir meine Professorin den Job in Togo anbot, nickte ich in der Hoffnung, ich könnte mich mit dieser Reise irgendwie vor mir selbst retten.

War diese Frau Benedettas Mutter? Wer war alles auf dem Schiff? Wer bei der stillen Geburt an ihrer Seite? Benedetta, ihre Tochter, die zu diesem Zeitpunkt gerade erst vier Jahre alt war? Ihre beiden anderen Kinder? Der Vater des Kindes? Überlebte sie den Verlust, konkret und im übertragenen Sinne?

Möglich, dass sie das Paradiestal nie erreicht hat.

Ich suche weiter, aber das Dokument, das die Unbekannte zur Mutter eines toten Kindes erklärt, bleibt ihre einzige Spur. Das Schiff eine vorläufige Behausung, das sie herauslöst aus Zeit und Raum.

Für immer auf dem Weg.

Wir sitzen auf dem Balkon, der dafür eigentlich viel zu klein ist, und essen Schnittchen mit sauren Gurken zu Abend. Der Himmel ist weit. Es ist Sommer geworden, endlich. Der Schnittlauch blüht dunkelviolett. Billie taucht die Finger ins Gurkenglas und leckt die salzige Lake ab. Das gelbe Abendlicht fällt auf ihr Profil, und in diesem Moment sehe ich sie.

Komm mal her, bitte, sage ich. Mit dem Finger streiche ich über Billies Nasenrücken, ihre hohen Wangenknochen, aber die Sommersprossen bleiben, wo sie sind.

Seltsam, die sind mir noch nie aufgefallen. Ich hebe den Blick und treffe Billies Augen, aus denen mich meine Mutter ansieht.

Die habe ich doch schon ewig, sagt Billie empört.

Eine Schwalbe fliegt haarscharf an uns vorbei. Sie nistet mit den anderen zwischen den Dächern, in einer Nische direkt über unseren Köpfen. An manchen Tagen ist der Lärm ohrenbetäubend. Als Neda vorgestern zu Besuch war, erzählte sie einer begeisterten Billie, dass Schwalben nur nisten, wenn sie Nachwuchs bekommen. Außerhalb der Brutzeit sind sie immer unterwegs, in Bewegung. Stell dir das mal vor, Billie, die schlafen sogar in der Luft.

Echt jetzt?

Das stelle ich mir anstrengend vor, sagte ich.

Vielleicht, erwiderte Neda, weil du keine Vorstellung davon hast.

Also ich würde gerne beim Schlafen fliegen, verkündete Billie, obwohl ich so ein Schisser bin.

Ach was, sagte Neda, du bist das mutigste Kind, das ich kenne, viel mutiger auch als wir beide, und zwinkerte mir zu.

Als Neda mich gefragt hatte, ob ich sie im Herbst nach Toronto begleiten wolle, knuffte ich Neda in die Seite, unbeholfen, aber ehrlich gerührt. Natürlich wollte ich das. Seit Monaten sprach sie davon, dass sie ihre Cousinen kennenlernen und endlich mehr über ihren Vater erfahren wollte.

Weißt du, reißt Billie mich jetzt aus meinen Gedanken.

Ja?

Ich habe es mir noch mal überlegt, ich würde in deinem Buch doch gerne anders heißen.

Ach ja, wie denn, ich muss schmunzeln. Wir führen fast jeden Tag dieses Gespräch. Immer kommt Billie mit einem neuen Namen vom Spielplatz zurück.

Sie guckt mich mit großen Augen an, grinst, dann neigt sie den Kopf zu mir, ihr Atem kitzelt meinen Hals, und sie flüstert ihn mir ins Ohr.

EPILOG

Die Autorin bleibt an einem Bild hängen und betrachtet es eingehender. Ein Foto, nur ein Schnappschuss. Seit dem Moment der Aufnahme sind zwölf Jahre vergangen. Die Autorin sucht nach Spuren, äußerlichen Anzeichen; wo genau hat sich die Zeit hier eingeschrieben?

Sie erinnert sich an das dunkelblaue T-Shirt, das sie getragen hat, einfache Jeans, die längst nicht mehr passen nach zwei Schwangerschaften. Die Flip-Flops sind verlorengegangen, im wahrsten Sinne des Wortes: gegangen. In einem Urlaub an der Küste in Südwestfrankreich muss jemand sie fälschlicherweise für die eigenen gehalten haben und damit über den Strand davonspaziert sein. So hat sie es sich im Nachhinein erklärt. Als sie aus dem Wasser kam, waren sie jedenfalls fort. Die Autorin empfindet ein vages Gefühl der Verbundenheit mit dieser jungen Frau, die sie gewesen ist, aber auch Scham.

Es war ein schwüler Tag, die Luft schmeckt wie feuchte Pappe. Über den Himmel spannt sich eine Haut wie kurz vorm Gewitter. Die bunt angemalten Boote am leeren Strand sehen aus der Entfernung aus wie achtlos im Sand verstreute Bonbonpapiere. Als Touristin in Cape Coast besucht sie die Festung. Sie fühlt sich nicht wohl. Vor ein paar Tagen hat sie sich einen Splitter gezogen, seitdem ist jeder ihrer Schritte von einem feinen Schmerz begleitet. Sie läuft durch die Feste, als wäre sie nur zufällig hier. Und vielleicht ist es auch so. Draußen dann klettert sie auf eine der Kanonen.

Warum, fragt sich die Autorin heute. Hat sie nicht das grausame Symbol darin gesehen? Die Gewalt? Das Stutzen der Umstehenden angesichts ihrer Handlung?

Die Kanonen sind da, bieten sich an.

Ein Bein rechts, das andere links, so sitzt sie auf dem Kanonenlauf, während ihr Begleiter eilig die billige Digitalkamera hervorkramt. Auf dem Foto streckt sie den Arm aus, als wolle sie danach greifen. Das Bild festhalten oder ihn von seinem Vorhaben abbringen? In jenem Moment drückt er schon den Auslöser.

Die Mehrheit der Fotos ist im Laufe der Jahre verlorengegangen. Der Begleiter hat sie versehentlich von der Festplatte gelöscht, was die Autorin durchaus als Verlust empfindet. Dieses Bild aber ist geblieben. Beim erneuten Anblick wundert sich die Autorin. Mit dem Nagel des rechten Daumens fährt sie kurzerhand über das Bild, kratzt am Horizont. Aber es ist kein Wasserfleck, sondern wirklich ein Schiff, das sich da außerhalb des Sichtfeldes der jungen Frau ins Bild bewegt.

Die Sprache dieses Textes ist die Sprache der Kolonialist*innen. Im Schreiben stand ich deshalb vor grundlegenden Fragen: wie etwas darin sichtbar machen, ohne es als gegeben hinzunehmen, auf diese Art *festzuschreiben*? Dass Schwarzsein und *Weiß*sein soziale Konstrukte ohne biologische Tatsachen sind, setze ich voraus. Wie die Einteilung von Geschlechtern gehen sie zurück auf koloniale Ordnungssysteme und Erzählungen, die ich mit diesem Text kritisch befrage. Die Schreibweisen in diesem Buch, die aus aktivistischen Kontexten stammen, gaben mir eine Freiheit, Sprache als etwas Bewegliches zu sehen. Mag sein, dass wir irgendwann passendere Worte haben. Im besten Fall brauchen wir sie dann nicht mehr.

Auch wenn Ereignisse und Figuren Ähnlichkeiten mit der Realität aufweisen, sind sie keineswegs mit der Realität gleichzusetzen.

Die Figur Robinson Crusoe lässt sich eindeutig auf den Schotten Alexander Selkirk zurückführen. Über den Hergang und die Details habe ich variierende Darstellungen gefunden. In diesem Text habe ich mir bei der Zusammenstellung der Fakten einige Freiheit erlaubt.

Die *urban myth* habe ich gefunden bei Vron Ware: *Beyond the Pale. White Woman, Racism and History*, 1992, 2015.

Die Szene auf dem Europäischen Friedhof ist u. a. inspiriert von den Aufzeichnungen von Kangni Alems *Carnet de route Togoland: un cimetière à Sokodé*, 2006.

Die *deutsche Brücke* ist ein Zitat aus der Kurzgeschichte *Le Pont Allemand* von Sami Tchak, erschienen in: *Dernières nouvelles du colonialisme*, Ed. Vents d'Ailleurs, 2006.

Michel Leiris: *Phantom Afrika: Tagebuch einer Expedition von Dakar nach Djibouti 1931 – 1933. 1. Tagebuch einer Expedition von Dakar nach Djibouti: 1931 – 1933*, 1985.

Die Geschichte des italienischen Zwangsarbeiters basiert auf der Erzählung von Antonio Ceseri, den ich als Schülerin treffen durfte. Darüber hinaus war die Dokumentation *Im Märkischen Sand – Nella Sabbia Del Brandenburgo* (2016) von Katalin Ambrus, Nina Mair, Matthias Neumann und Cosimo Miorelli eine hilfreiche Quelle.

Die Geschichte von Elsa Pettersson basiert auf der Recherche von Rebekka Endler, u. a., Süddeutsche Magazin: *Elsa in Taka-Tuka-Land*, 2018.

Über Orson Welles und sein unvollendetes Projekt *It's all true* habe ich erstmals in dem gleichnamigen Roman von Carmen Stephan gelesen.

Unentbehrlich für die Erzählung von Fleur war das Kapitel *Lose Your Mother* in dem gleichnamigen Buch *Lose Your Mother. A Journey Along The Atlantic Slave Route* der Autorin Saidiya Hartmann, 2007.

Gordimer, Nadine, und Malte Friedrich: *Beethoven war ein Sechzehntel schwarz*, Erzählungen, 2008.

Die in der Ausstellung beschriebenen Bilder sind Werke der Künstlerin Candice Breitz mit dem Titel *Ghost Series*, 1994 – 1996.

Die Passagen über Völkerschauen gehen zurück auf zwei Essays von Sabine Scholl, *Die Fremden bestaunen*, 2016 (zon), und *Vorgeführt und ausgestellt im Menschenzoo*, 2020 (Der Standard).

Für den gesamten dritten Teil war mir die Forschung von Katharina Oguntoye, die sie in ihrem Buch *Schwarze Wurzeln. Afrodeutsche Familiengeschichten von 1880 bis 1950*, 2020 zusammenfasst, ein wertvoller Begleiter.

Die Zitate von Marie Nejar stammen aus Jermain Raffingtons Dokumentation, schwarzrotgold tv: *Marie Nejar*, 2015.

Besonderer Dank gilt meiner Agentin Meike Hermann, die an den Text geglaubt hat, als ich es nicht konnte sowie meiner Lektorin Juliane Schindler für ihre sofortige Begeisterung, das feine Gespür im Lektorat und die begleitenden konzentrierten Gespräche zum Text.

Über die Jahre der Entstehung habe ich von meinen Freund*innen wichtige Impulse bekommen. Ich danke euch für die Freundschaft & euren trotz allem zärtlichen Blick auf die Welt: Kim Drischel, Charlotte Eifler, Claudia Curo Gutiérrez, Sophia Muriel Hannß, Matthias Jügler, Fatime Kahveci, Maxi Menja Lehmann, Tina Leskien, Caroline Pitzen, Emilia von Senger und Lilia Youssefi.

Für das Lesen früher Textfassungen und Auszüge mit viel Wohlwollen danke ich Maxi Menja Lehmann, Deniz Utlu, Sabine Scholl und Emilia von Senger.

Ganz besonders danke ich Magdalena Schrefel; für die Wohnung für mich allein, als ich sie dringend brauchte, Gespräch und Zuspruch in allen Phasen. Ich wünsche jedem*jeder Schreibenden eine Komplizin wie dich zur Seite.

Dank an Simoné Goldschmidt Lechner, Paula Heilmann, Abdel Amine Mohammed, Anke Sharma, Margareta von Oswald und Maren Wurster für ihre kritischen Lesarten und das schöne, offene Gespräch. Appolinaire Apetor-Koffi danke ich für aufgestoßene Türen und das *bigger picture*.

An dieser Stelle möchte ich allen Mitgliedern der Association Togolaise des Expulsés aus Sokodé von Herzen danken: Für die grenzenlose Gastfreundschaft, das Vertrauen über so viele Jahre und Kilometer hinweg und den Austausch. Ich habe unendlich viel von euch gelernt. Insbesondere danke ich Razak Aboubakar, Sahmuodine Coubadja Traoré, Seydou Dit Watara und Malarou Mola dit Wassila Kavalo. Merci! Mina konkari!

Ich danke Bernard Müller für den Austausch, seinen Text *The ›Mystery‹ of the Konkomba's Severed Thumbs: Historical Fact, Colonial Rumour or Legend of the Defeated?* und Issofa Bang'na für die Recherche vor Ort in Togo. Außerdem Nana Badenberg für ihre freundlichen Antworten zur Recherche zur Gewerbeausstellung in Treptow.

Ohne die politische Arbeit der Initiativen Schwarzer Menschen in Deutschland, die seit Jahrzehnten für die Sichtbarkeit der Vergangenheit und alternative Erzählungen streiten, wäre der vorliegende Roman schlichtweg nicht denkbar, insbesondere ADEFRA e. V. und ISD e. V.

Dank an die Ateliergemeinschaft IZOLA, die Möglichkeit einer solidarischen Insel. Verena Güntner, Elisabeth R.

Hager, Caca Savic und Julia Wolf danke ich für die geteilte Freude bei einem sprudelnden Glas Crémant in Klaasdorf. Stefanie Kulisch für eine Ziege am Strand.

Dank geht an Shaylin Wallace für dieses wahnsinnige Coverbild.

Ich danke der Robert Bosch Stiftung GmbH für die finanzielle Unterstützung. Die Arbeit an diesem Roman wurde außerdem gefördert durch das VG-Wort-Stipendium und das Recherchestipendium des Berliner Senats.

Dank gilt auch meiner Familie, die mir geduldig so viele Fragen beantwortet hat. Ganz besonders meinen Eltern; danke, dass wir gemeinsam wachsen können. Last but not least: Mario für die Liebe, Unterstützung, Schreibzeit, *you got my back*, und meinen beiden Kindern, S. und E., ihr seid alles.

Ich danke Dénis, Fousseni und Roos, euch ist dieses Buch gewidmet.